知識ゼロからの

A Beginner's Guide to Bitcoin-Cryptocurrency

ビットコイン・仮想通貨入門

ビットバンク株式会社
代表取締役CEO
廣末紀之

- 発行者も管理者もいない。プログラム通りに発行。ネット上の全員が取引情報を共有、監視する
- 中央集権を否定した自由主義の通貨革命。国家に左右されない通貨の必要性から誕生
- 仮想通貨取引所に取引口座を開いたら、入出金、購入・売却・受取ができる
- 公開鍵暗号を使った電子署名で送金が行われる
- 現金や株と同様に、取引価格に従い、売り買いでき、レバレッジもきく

A Beginner's Guide to Bitcoin-Cryptocurrency

幻冬舎

ビットコインのしくみを知ることが、次の時代の武器になる

ビットコインは、インターネットを利用した「仮想通貨」のひとつですが、「仮想」という言葉の持つ響きも相まって、「一攫千金を狙う人が集まる怪しげな世界」と捉えている人が、多くいるようです。

確かに今、ビットコインは、短期で儲けようとする投機目的の売買が盛んに行われています。

けれども、ビットコインの投機としての役割は、ほんの一面にすぎません。ビットコインは、たんなるコインの一種ではなく、インターネットと同じように世界のしくみを変える可能性を持つ、まったく新しい技術に基づいたものだからです。

インターネットやスマートフォン（スマホ）の登場によって、これまで一部のメディアに握られていた情報は個人のものとなり、誰でもどこで

も、情報を発信できるようになりました。同様に、ビットコインの登場により、これまで国や中央銀行のものだった通貨は個人のものとなり、スマホ一台で、たとえアマゾンの奥地にいても、国境を越えて自由に通貨をやり取りすることができるようになったのです。

私は10年以上インターネットの世界でビジネスをしていますが、数年前に仮想通貨のしくみを知ったとき、インターネットと同じインパクトを秘めた技術だと直感しました。今、まさに世の中は、私が予想した方向に、しかも予想以上のスピードで、大きな潮流を作りつつあります。

仮想通貨時代の地平線は、すでに私たちの目の前にあります。いち早くビットコインの基礎を理解することができれば、必ず次の時代の心強い武器になるでしょう。

本書が、みなさんにとって、新たな時代のリテラシーを身につける一助になることを願ってやみません。

ビットバンク株式会社　代表取締役CEO　**廣末紀之**

ビットコイン・仮想通貨
これだけは押さえておきたい
7つのポイント

ビットマン

謎の仮想通貨研究家。ビットコインのファンで仮想通貨仮面ビットマンの仮装をしている。

仮想通貨女子

友だちの友だちがビットコインで大儲けしたという話を聞きつけ、ビットコインに興味津々。

1年で12倍以上に上昇。ビットコインバブル到来

友だちの友だちが「ビットコインであなたも億り人！」というテレビ番組を観て、ビットコインを購入したそうで、ほうっておいてもどんどん値上がりして大喜びしているという話を聞いたんです。

「億り人」って、投資で1億円以上儲けた人のことね。

確かにビットコインが流通しだした当時は1BTC（ビットコインの単位）の価値は1万円にも満たなかった。2016年12月は10万円程度。それが1年間で120万円以上に。12倍以上に高騰している。**時価総額も20兆円近くまで上昇している**（2017年）。

2016年12月

1BTC **＝約10万円**

2017年12月

1BTC **＝約120万円**

すごーい！ 私も仮想通貨に投資したら、お金持ちになれちゃう！

まあ今は「投資」ではなく、知識もないままこれぞチャンス！ と短期で儲けたい投機目的の人が多いみたいだ。

投資でも投機でもいいから、儲かるならやってみたい。

はいはい。

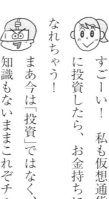

ポイント 1

ビットコインはインターネット上だけでやり取りできる仮想通貨のひとつ

ビットコインは最初の仮想通貨

ビットコインは、サトシ・ナカモトという人物がインターネット上に発表した論文を元に作られた最初の仮想通貨。

仮想通貨は800種類以上ある

仮想通貨は800種類以上あり、これからもどんどん新しい通貨が作られていく。その多くが、ビットコインの中核技術であるブロックチェーンを利用したもの。

取引データの集合体で、実物はない

ビットコインは「Aさんから Bさんに1BTC送金」という、取引（トランザクション）の全データの集合体。インターネット上でやり取りでき、通貨としての機能を持つ。

独自の通貨単位があり、日本では法定通貨と交換可能

BTCというビットコイン独自の通貨単位があり、円やドルなどの法定通貨に換金することができる。日本の法律では「決済手段のひとつ」と位置付けられている。

仮想通貨はデジタルの取引データの集合体

でも……仮想通貨ってそもそも何なの？「仮想」ってこの世にはないってこと？

仮想通貨は、デジタルの取引データの集合体。海外では、Cryptocurrency《クリプトカレンシー》と呼ばれている。**「暗号通貨」という意味**だね。

ビットコインはこの世に最初に誕生した暗号通貨なんだ。

デジタルデータに暗号通貨……さっぱりわからない。

君のお財布に入っているお札やコインはどこで発行されているか知っている？

書いてあるわ！ 日本銀行でしょ。日銀ね。

ポイント2

国や銀行が関与する円やドルとは違う

仮想通貨（ビットコイン）	**法定通貨（日本円）**
通貨単位＝BTC （最小単位 0.00000001BTC）	通貨単位＝円
デジタルデータの集合体（実物がない）	紙幣、硬貨（実物がある）
コンピュータープログラムによる自動発行	中央銀行（日本銀行）が発行元
発行上限量は2100万BTC （2140年までに）	発行量は金融政策に従って中央銀行が増減
中核技術であるブロックチェーンが 信用の担保	国への信用が通貨への信用の担保

日銀は日本政府の委託を受けた、国のお金を管理する中央銀行。世界各国には日銀のような中央銀行があって、国で流通する通貨「法定通貨」の発行・管理を行っている。

じゃあ仮想通貨は、誰が発行しているの？

ビットコインに関しては誰も発行していない。

えーどういうこと？

ビットコインは**コンピューターのプログラムにそって自動的に生み出されていく**。そして価値は「AさんからBさんに1BTC送金した」という取引データ自体にある。つまり、銀行で取り扱うところの「台帳」だね。

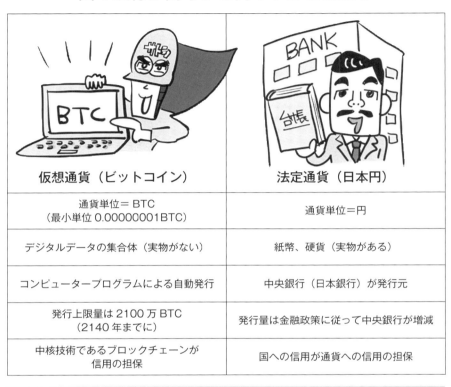

ポイント3
ビットコインの中核技術 ブロックチェーンが信用の担保

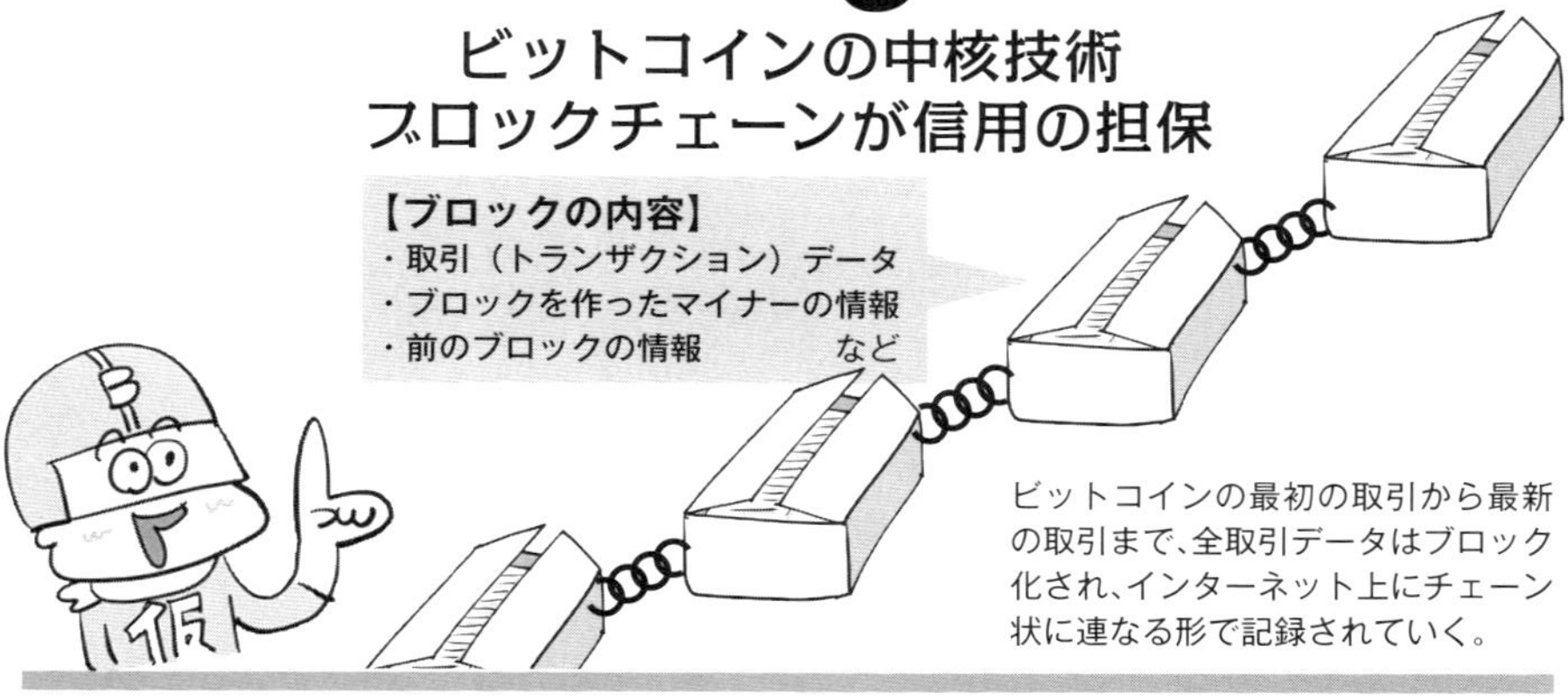

【ブロックの内容】
・取引（トランザクション）データ
・ブロックを作ったマイナーの情報
・前のブロックの情報　　　など

ビットコインの最初の取引から最新の取引まで、全取引データはブロック化され、インターネット上にチェーン状に連なる形で記録されていく。

ビットコインには管理者がいない

取引データに価値があるの？

ビットコインの中核技術である**ブロックチェーンによって、ビットコインの全取引データを、衆人環視のもとで永遠に記録することができる**んだ。ブロックチェーンは分散型の台帳管理システムともいわれていて、このしくみ自体が信用に値する。

ふーん。

法定通貨なら、送金したり決済したりするとき、取引データを銀行が管理する台帳に書き込まなければならない。僕から君に送金するときには、銀行が取引データを台帳に書き込み、管理するわけ。

ビットコインは違うの？

ビットコインの取引では、ネットワークの参加者全員が電子台帳のデータを持っていて、管理する。

電子台帳は誰でも見ることができ、それ故誰も改ざんできない。つまり不正ができないんだ。

管理者に頼らなくてもお金のやり取りができるのね。

法定通貨は管理者がいる中央集権型で、ビットコインは非中央集権型。管理者がいないから、送金・決済時の手数料もほとんどかからない。

ポイント4

法定通貨は中央集権型で、ビットコインは非中央集権型

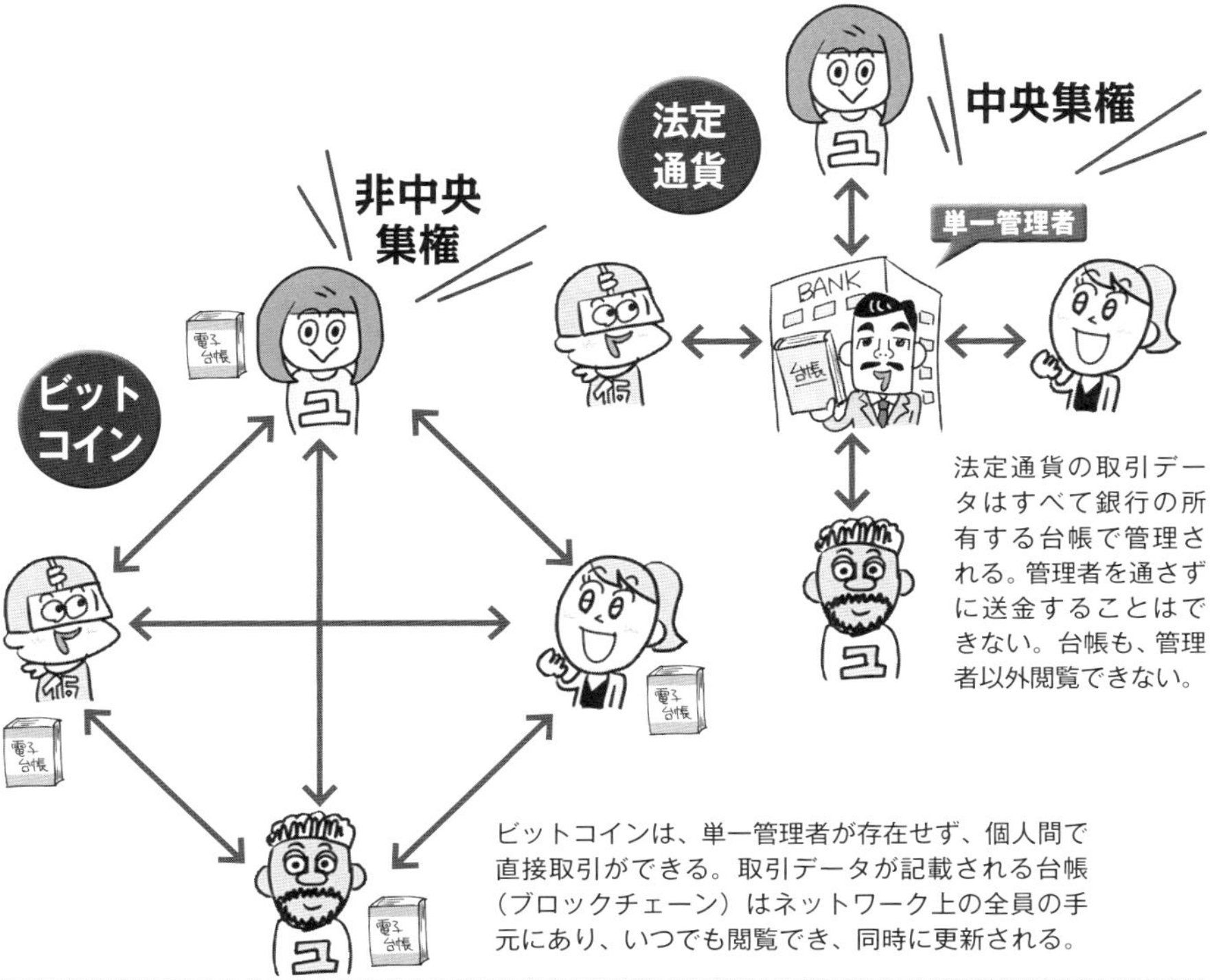

法定通貨
中央集権
単一管理者
BANK
台帳
法定通貨の取引データはすべて銀行の所有する台帳で管理される。管理者を通さずに送金することはできない。台帳も、管理者以外閲覧できない。
ビットコイン
非中央集権
電子台帳
ビットコインは、単一管理者が存在せず、個人間で直接取引ができる。取引データが記載される台帳（ブロックチェーン）はネットワーク上の全員の手元にあり、いつでも閲覧でき、同時に更新される。

取引データやそれらの検証作業はすべて公開されている

参加者全員で管理って、具体的にはどうしてるの？

ビットコインのネットワーク上には、**維持管理に貢献するマイナー（採掘者）**と呼ばれる人たちがいるんだ。

取引データに不正がないかどうか検証したり、取引データをブロックに書き込んだりしていくマイニングという仕事をする。マイニングが完了するとその取引は承認されるんだ。

これらの内容はすべてネットワーク上に公開されていて、ネットワーク上の参加者全員で監視できる状態なんだ。

ポイント5

仮想通貨取引所を通じて取引。マイナーが取引データを承認

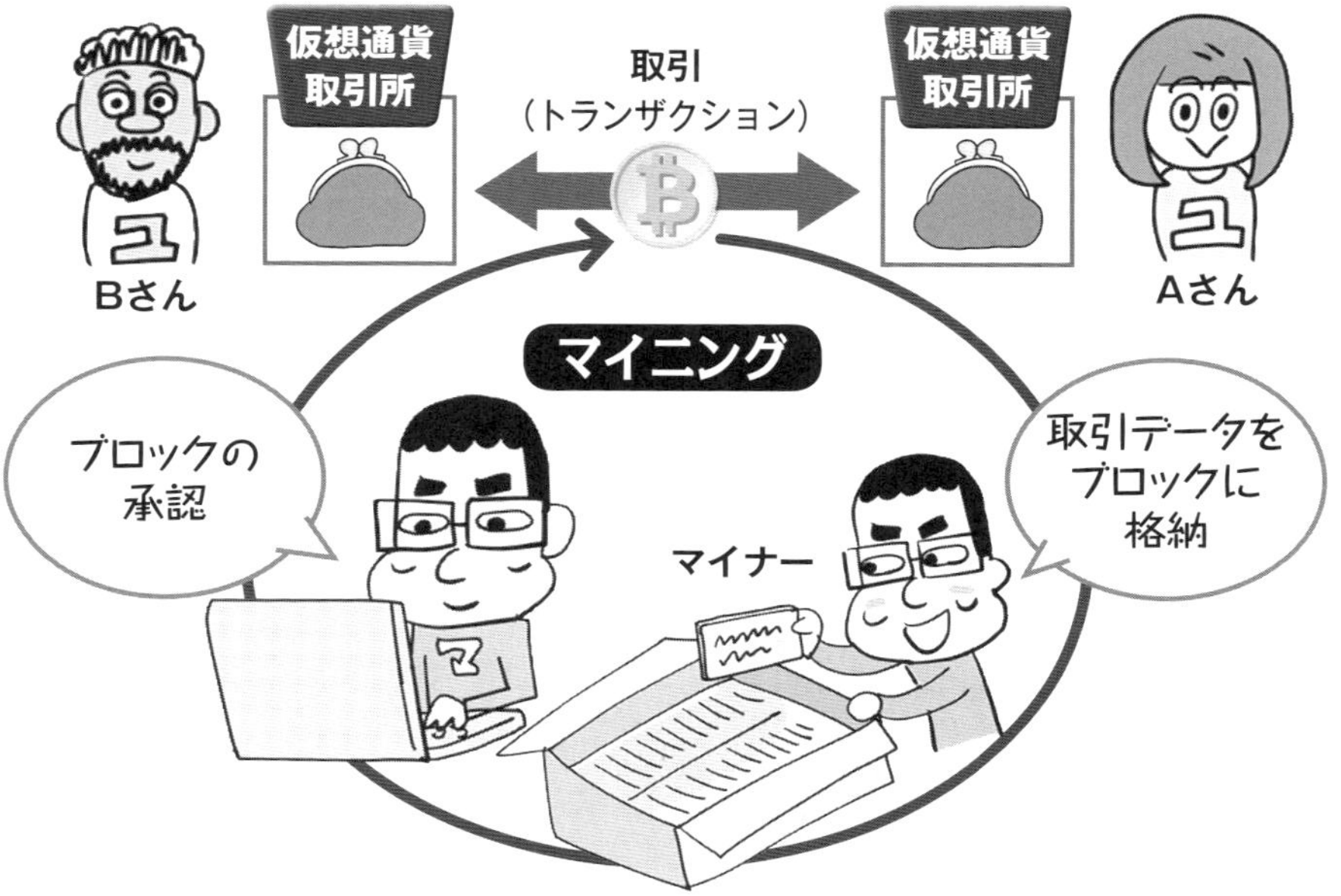

仮想通貨取引所のお互いの口座を通じて、ビットコインの取引を行う。取引データは、ビットコインの維持管理に貢献するマイナーによって、ブロックチェーンのブロックに格納され、さらにその取引内容に不正がないかどうかを検証され承認される。

みんなで作り出し、みんなで運用する通貨

マイニングで維持管理に貢献した人には、**新しく発行されるコインが送られる。**

私もビットコインをもらいたい！

マイニングでは大量の計算をしなくてはならないから、高性能のコンピューターと大量の電気が必要なんだ。

現在は、中国企業が中心。日本の企業も参加し始めている。個人での参加はちょっと難しいね。

どうしたらビットコインが手に入るの？

仮想通貨取引所というところに口座を開設し、円やド

ポイント6

サトシ・ナカモトの論文が基になって作り出された

2008年

サトシ・ナカモトが論文を公開した

サトシ・ナカモトと名乗る人物が、ビットコインのアイデアを「P2P 電子マネーシステム」という論文にしてインターネット上で公開。

現在

開発当時のプログラマーたちが運用を行う

サトシ・ナカモトの論文に影響を受けてビットコインの開発に関わったプログラマーたちが、現在はコア開発者としてビットコインの運用に関与している。

他の仮想通貨の多くがこの論文から作られている

ビットコイン以外の仮想通貨（アルトコイン）も、サトシ・ナカモトの論文の考えを元にして作られている。

ルなどを入金すれば仮想通貨を売り買いできるよ。

複雑なしくみなのね。一体誰が考えたの？

２００８年、サトシ・ナカモトという人物がネット上にビットコインとブロックチェーンに関する論文を発表した。日本名だけど、正体はわからない。複数の人物の合作による論文ではないかともいわれている。

そして一部のプログラマーが、論文を基にシステムを構築した。

みんなで作り出し、みんなで運用しているのね。

ビットコインの面白さは、**既存の中央集権を否定し、個人間での取引を可能にしたとこ**ろにこそある。

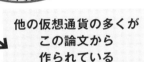

ポイント7

日本は仮想通貨許容国。仮想通貨の開発も積極的

仮想通貨は決済手段と認められた

改正資金決済法（2017年、通称仮想通貨法）によって、仮想通貨の定義が「資産（モノ）」から「決済手段」へと変わった。

地域活性化の試みで地域仮想通貨が盛ん

金融機関と企業、地方自治体が一体となり、地方独自の仮想通貨の開発が進んでいる。各地で実証実験が盛んに行われている。

金融機関が独自の仮想通貨を開発中

三菱東京UFJ銀行は独自の仮想通貨の活用に向けて動いている。価格変動の少ない、安定した仮想通貨の流通が期待される。

法定通貨って国や銀行によって通貨の価値が左右される。政情不安に陥れば、国や銀行の信用もガタ落ち。すると通貨の価値もなくなってしまう。

ビットコインは国も銀行も関係ない。ブロックチェーンという新技術が信用の担保となっている。**ビットコインは自由で民主的なお金**なんだよ。

怖がる前に正しい知識を得て、ビットコインを使ってみよう

とはいえ、日本で使えるところは少ないわよね。

一部の大型家電量販店やレストランなどでは決済できるようになってきたよ。

ただ、まだ値動きが激しい。安定的な取引ができるようになるまでには少し時間がかかるかも。

買ってみたいけど、ちょっと怖い気もするなぁ。

ビットコイン、仮想通貨、そしてそれを支えるしくみであるブロックチェーンの技術は、今後無視できないものになっていく。

インターネットが登場して、僕らの生活が一変したように、**仮想通貨の登場で、商売そのもの、雇用と賃金のしくみなどあらゆることが変わっていく**可能性がある。

怖がるよりも、正しい知識を持って、仮想通貨を使ってみることが大事だね。

よーし、私も勉強するわ！

郵 便 は が き

料金受取人払郵便

代々木局承認

1536

差出有効期間
平成30年11月
9日まで

1 5 1 8 7 9 0

203

東京都渋谷区千駄ヶ谷4-9-7

(株) 幻冬舎

書籍編集部宛

1518790203

ご住所 〒
都・道
府・県

フリガナ
お名前

メール

インターネットでも回答を受け付けております
http://www.gentosha.co.jp/e/

裏面のご感想を広告等、書籍のPRに使わせていただく場合がございます。

幻冬舎より、著者に関する新しいお知らせ・小社および関連会社、広告主からのご案内を送付することがあります。不要の場合は右の欄にレ印をご記入ください。

不要 □

本書をお買い上げいただき、誠にありがとうございました。
質問にお答えいただけたら幸いです。

◎ご購入いただいた書籍名をご記入ください。

『　　　　　　　　　　　　　　　　　　　　　　　　　　　　　　』

★著者へのメッセージ、または本書のご感想をお書きください。

●本書をお求めになった動機は？
①著者が好きだから　②タイトルにひかれて　③テーマにひかれて
④カバーにひかれて　⑤帯のコピーにひかれて　⑥新聞で見て
⑦インターネットで知って　⑧売れてるから／話題だから
⑨役に立ちそうだから

生年月日　西暦　　　年　　月　　日（　　歳）男・女				
ご職業	①学生	②教員・研究職	③公務員	④農林漁業
	⑤専門・技術職	⑥自由業	⑦自営業	⑧会社役員
	⑨会社員	⑩専業主夫・主婦	⑪パート・アルバイト	
	⑫無職	⑬その他（　　　　　　　）		

ご記入いただきました個人情報については、許可なく他の目的で使用することはありません。ご協力ありがとうございました。

PART 2
発行のしくみ、安全と信用は？

PART 3

どこで保管し、どこで現金と交換する？

PART 1

誰が ビットコインを 作ったの？

謎の開発者サトシ・ナカモトの論文を元に、
世界中のプログラマーがシステムを構築。
ビットコインには、 発行・管理のための組織は存在しない。
ビットコインは自律的なコンピューターシステムが生み出す、
取引データの集合体なのだ。

実物はない、金融とITの融合でできた通貨。実際はコインではなく取引データの集合体

友だちの友だちが「ビットコイン」っていう**仮想通貨**で儲けたらしいの。仮想通貨って何？　コインはどこでもらえるの？

仮想通貨は、ＩＴを使った金融サービス「**フィンテック**」の代表格。ＡさんがＢさんにビットコインを送金すると、取引が**Ｐ２Ｐネットワーク**に送信され、インターネット上の電子台帳に記録される。ビットコインは、この取引データの集合体を指すもので、コインの現物は存在しない。サトシ・ナカモトという謎の人物が発案したしくみなんだ。

取引が記録されるだけで、どうしてお金と同じように使えるの？　お札やコインみたいな現物が手元にないのに、お金と呼べるの？

そもそも、お金に価値があるのは、みんながその価値を信用しているから。例えば、1万円札を出せば1万円分のモノやサービスと交換してもらえるのも、みんなが1万円札を信用しているから成立する

・**仮想通貨**…英語圏では暗号通貨(Cryptocurrency《クリプトカレンシー》)が一般的。本来の意味としては暗号通貨のほうが正しく言い表している。

・**フィンテック(Fintech)**…ファイナンスとテクノロジーを合体させた造語。スマホでの決済や人工知能やビッグデータを使った金融サービス全般を指す。

・**Ｐ２Ｐネットワーク**…Ｐ２Ｐ(Peer to Peer)分散型ネットワークのこと。メインサーバーを持たず、個人同士のつながりで成り立つネットワークのこと。

わけ。

インターネットが普及した今、現物の1万円札がなくても、オンラインでお金がやり取りされて、取引データが通帳という帳簿に記されていく。データを信用しているから、現物がなくても取引が成り立っているよね。

ビットコインは、**ブロックチェーン**という画期的なしくみを使って取引を記録していて、改ざん不可能だと考えられている。この記録は信用に値するから、ビットコインに価値を認め、通貨として取引されているんだ。

じゃあ、ビットコインを使って、お店で買い物もできるの？ 普通のお金とも交換できるの？

もちろん。「ビットコイン支払ＯＫ」というお店は、全国に増えつつある。日本円に替えたければ24時間365日いつでも、その時々のレートで交換できる。今までは、ビットコインを売買して利益を上げようという投機目的の人がメインだったけど、将来は普通のお金と同じように、お店での支払に使われていくはずだ。

ビットコインというのはもっとも歴史がある仮想通貨で、取り扱いのしくみも整っていて流通量が多いので、仮想通貨の代名詞のようになっている。でも仮想通貨は他に何百種類もある。ビットコイン以外の仮想通貨は「**アルトコイン**」と呼ばれているよ。

・**ブロックチェーン**…個々の取引データをまとめてブロック化し、鎖状に数珠つなぎにしていくコンピューター上のしくみ。

インターネット上で共有された全取引データ＝ビットコイン。データに価値がある。

・**アルトコイン**…オルタナティブコイン（alternative coin）。ビットコインのしくみをもとに作られた仮想通貨の総称。イーサリアム、リップルなどが有名。

●ビットコインの単位

ビットは情報。貨幣単位はBTC。発行上限が2100万BTCと決められている

ビットコインは流通する貨幣の一種

通貨には法定通貨と仮想通貨があり、ビットコインは仮想通貨のひとつ。プログラムで自動発行される。

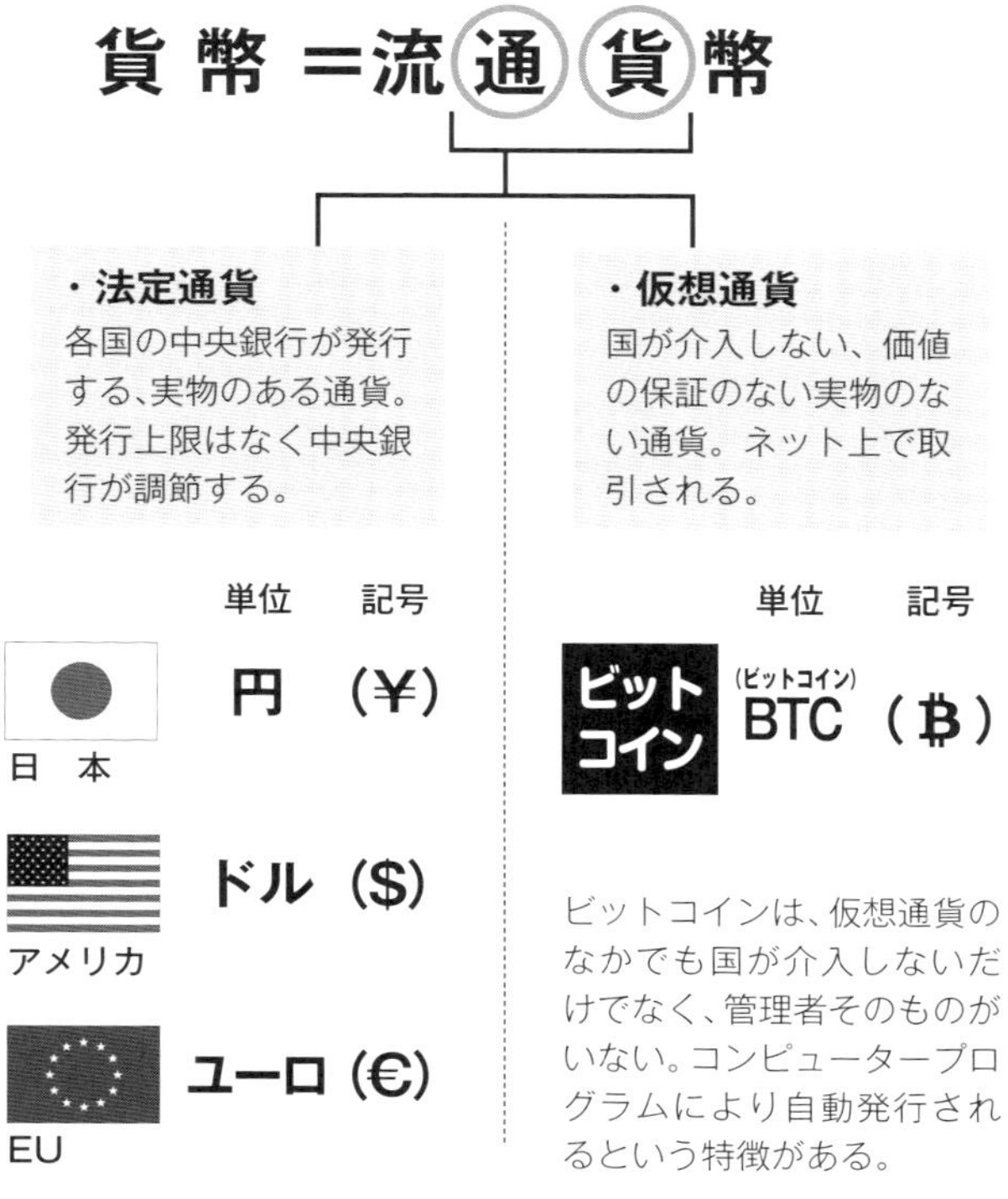

貨幣＝流通貨幣
・法定通貨
各国の中央銀行が発行する、実物のある通貨。発行上限はなく中央銀行が調節する。
・仮想通貨
国が介入しない、価値の保証のない実物のない通貨。ネット上で取引される。
単位　記号
円　(¥)
日本
ドル　($)
アメリカ
ユーロ　(€)
EU
単位　記号
ビットコイン
(ビットコイン)
BTC　(₿)
ビットコインは、仮想通貨のなかでも国が介入しないだけでなく、管理者そのものがいない。コンピュータープログラムにより自動発行されるという特徴がある。

ビットコインの「ビット」とは、コンピューターが扱うデータの最小単位。コンピューターの世界は0と1を組み合わせた2進法が使われていて、その一桁をビットと呼ぶことから、デジタル世界の基本単位となっています。

このため「ビット」は、物質から情報化社会への変化の流れを表す言葉としても用いられます。

ビットコインは、通貨が物質という枠組みを抜け出し、情報化社会に解き放たれる流れを象徴する

2100万BTCに向かって発行量が減りインフレを防ぐ

ビットコインは約10分に1回、自動発行。2140年までに2100万BTCが発行される予定だ。発行上限があるため流通量が増えすぎず、インフレになりにくい。

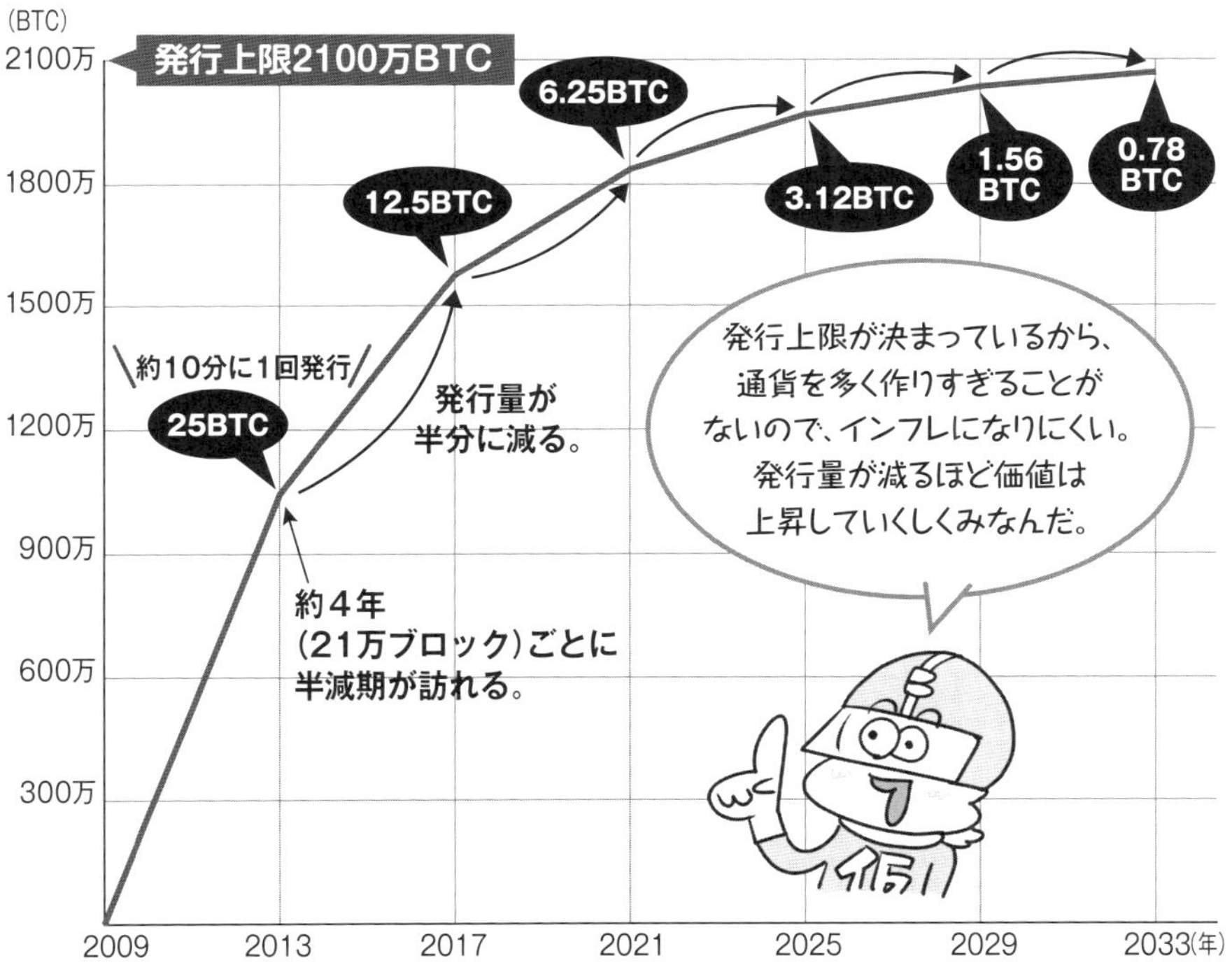

名称ともいえるのです。

●自動プログラムで発行される

普段使っているお金は法定通貨といい、日銀などの中央銀行から発行されています。法定通貨は国家が発行権限を持っているため、大量に発行されれば、価値が下がりインフレが起こることも。

一方、ビットコインを始めとする仮想通貨には、発行元はいません。設定されたプログラムにより、約10分ごとに通貨が自動発行。ビットコインは、2140年までに2100万のコインが発行されます。発行量が決まっていて、約4年ごとに半減しながら発行されるため、インフレになりにくい構造を持っているといえます。

●通貨としての始まり

仲間内でのゲーム通貨のようなもので、ピザを買うことに成功した

おもちゃの通貨でピザを購入できた

2010年5月22日、ピザとビットコインの交換が成立。5月22日は「ビットコインピザデー」と呼ばれている。

オンラインコミュニティ内だけで使えるおもちゃのお金だった。

1万BTCとピザ2枚とを交換することに成功した。

ビットコインは当初、オンラインコミュニティ内で使われるゲーム通貨のようなものでした。

ところがあるとき、「誰か、ビットコインとピザを交換しない?」というメッセージを見た人が、実際にピザ2枚を届けて1万BTCと交換したとか。現実社会のモノやサービスとの交換が成立した、ビットコイン決済の始まりとされています。価値が認められたことで、ビットコインは現金と同じ地位を得ることになったのです。

通貨の３つの条件を満たしている

通貨には、価値の尺度、交換、保存という３つの条件がある。ビットコインはこの条件をすべて満たしている故に、通貨だと認められる。

通貨の条件１　価値の尺度

商品やサービスの価値をはかる尺度（基準）を示すことができる。

ピザ２枚
１万BTC

通貨の条件２　価値の交換

商品やサービスの売買の際に交換や決済の手段として使われる。

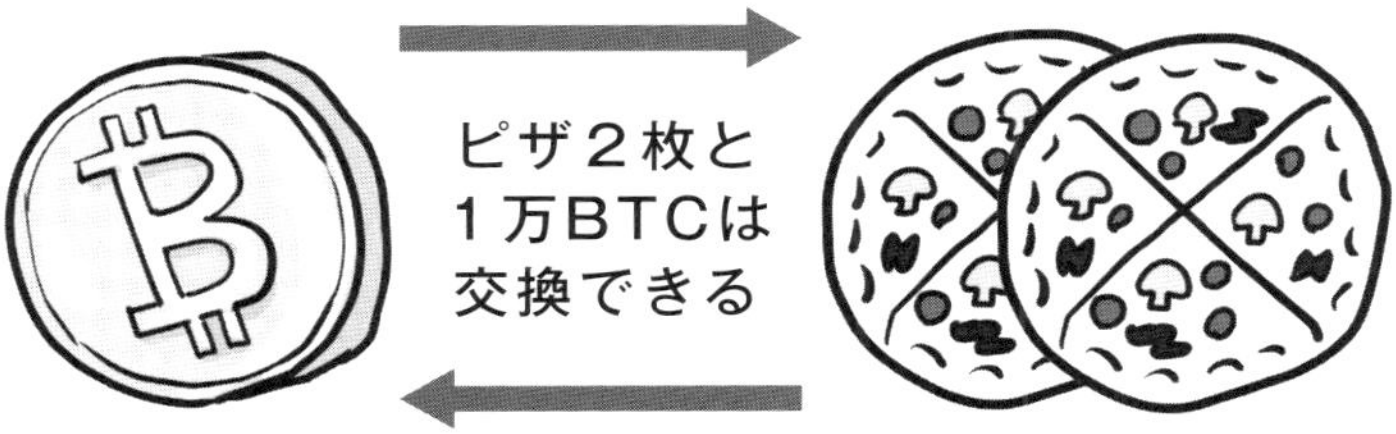
ピザ２枚と
１万BTCは
交換できる

通貨の条件３　価値の保存

価値あるものとの交換で得た通貨の価値は、その後も保存される。

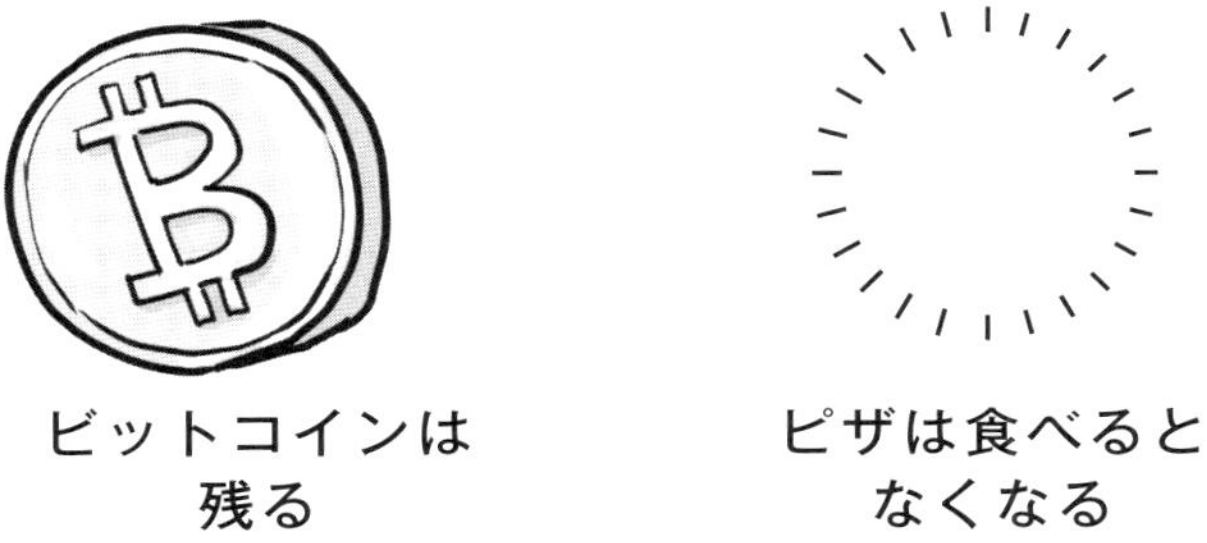
ビットコインは
残る
ピザは食べると
なくなる

すべてのビットコインの取引データを電子台帳に記録。参加者全員で情報を監視する

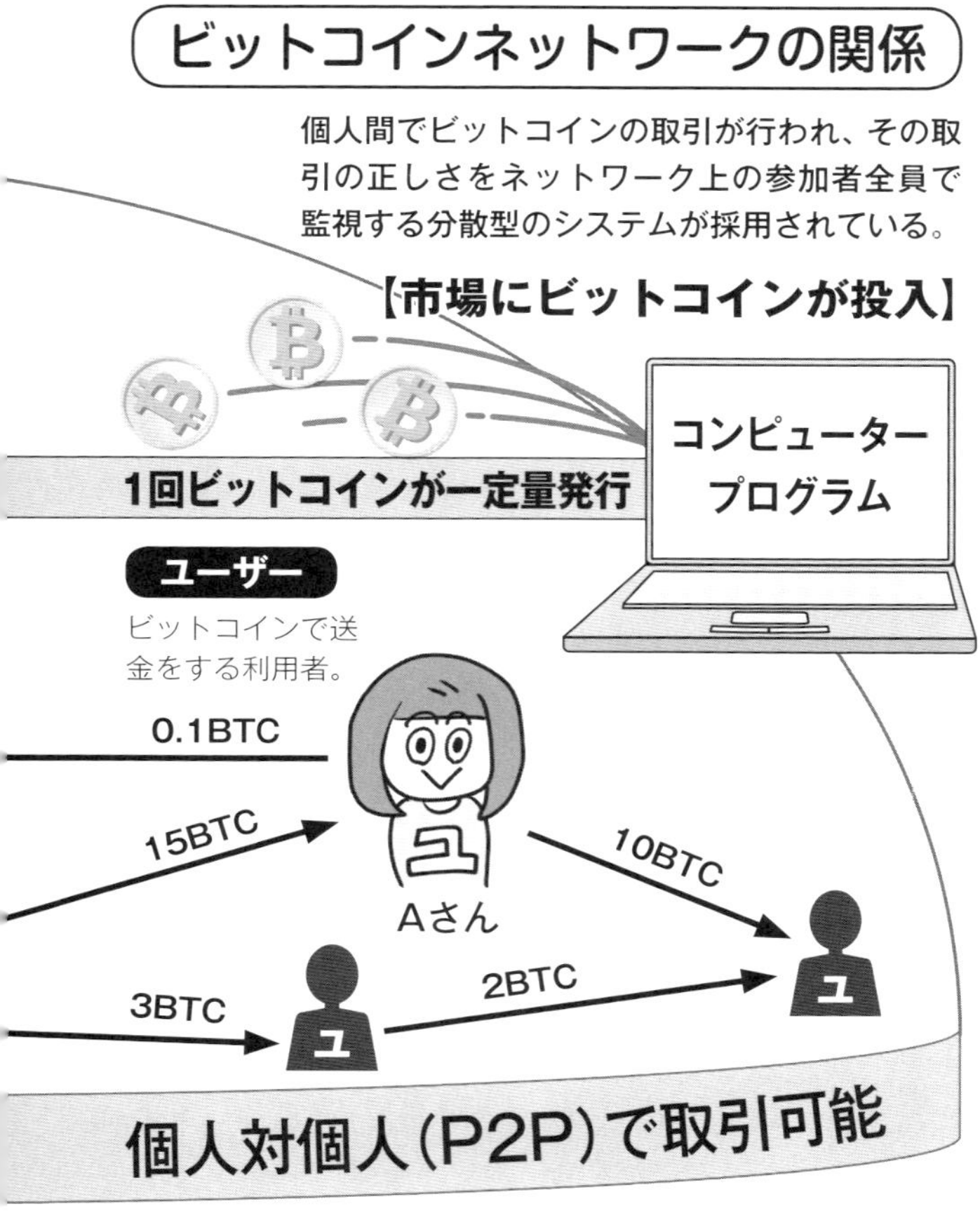
ビットコインネットワークの関係
個人間でビットコインの取引が行われ、その取引の正しさをネットワーク上の参加者全員で監視する分散型のシステムが採用されている。
【市場にビットコインが投入】
1回ビットコインが一定量発行
コンピュータープログラム
ユーザー
ビットコインで送金をする利用者。
0.1BTC
15BTC
10BTC
Aさん
3BTC
2BTC
個人対個人(P2P)で取引可能

ビットコインがこれまでの金融システムと異なるのは、銀行などの仲介者が存在しないことです。個人対個人が直接取引を行うP2P《ピアツーピア》(Peer to Peer)というしくみが用いられ、すべての取引(トランザクション)のデータは電子台帳に残されていきます。

記録にはブロックチェーンという技術が用いられます。取引データがブロックに書き込まれ、鎖のようにつなげられていきます。ネットワークの参加者なら誰でも記

【取引データが信用の担保】

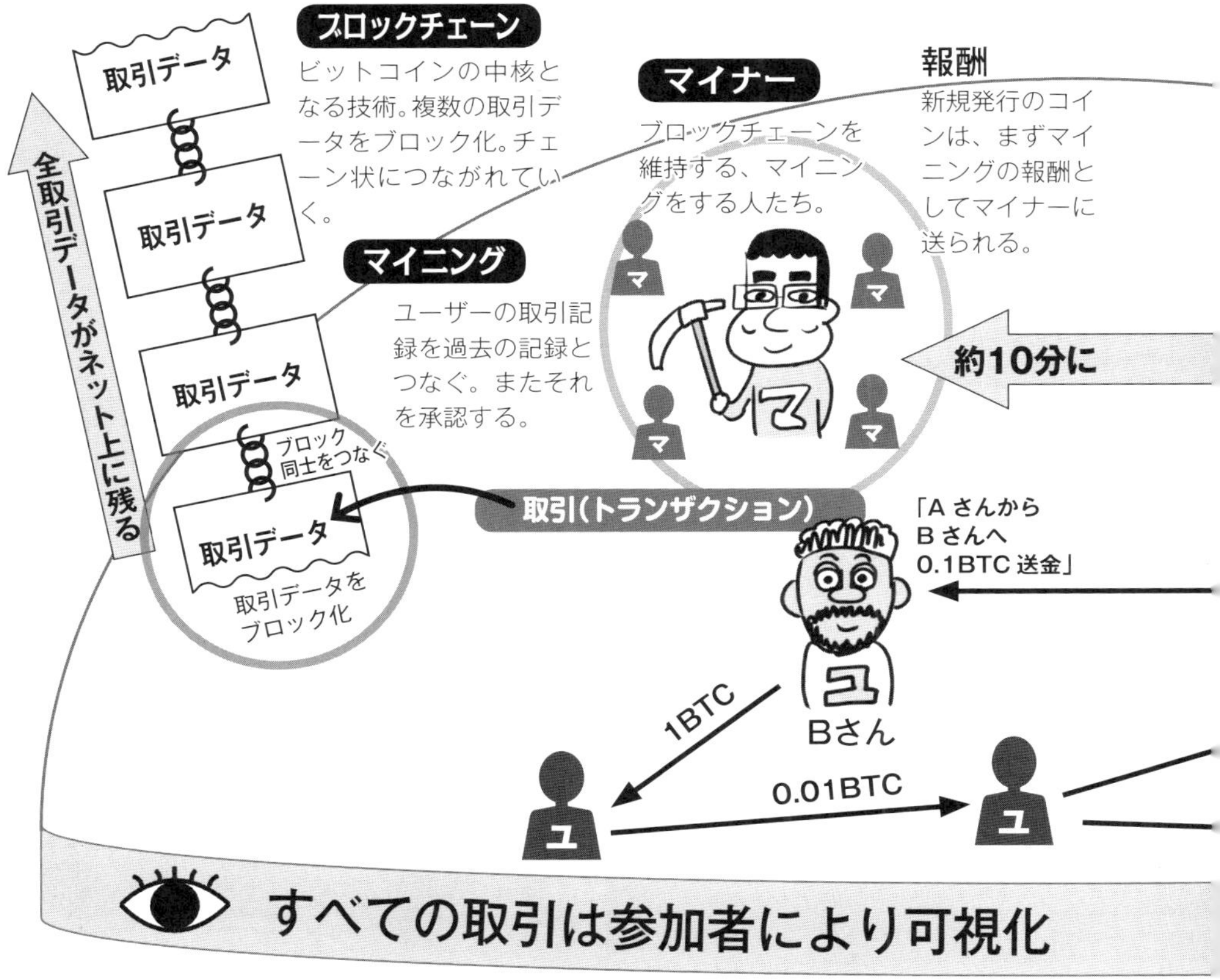

録を見ることができるので、世界中の人が監視しているのと同じことになります。取引は匿名で行われているため、表に個人名が出るわけではありません。

ブロックチェーンの改ざんはほぼ不可能。これでビットコインの信用は担保されています。

●新規発行のコインが作業報酬

ブロックチェーンに取引データを書き込むのは、マイナーと呼ばれる人たち。取引の正しさを確かめ、過去のブロックに新規ブロックをつなぐマイニングという仕事をします。ビットコインは約10分ごとに新規に自動発行されますが、マイナーは報酬としてこれらのコインを受け取ることができます。

インターネット上にあるビットコインなどの取引所に口座を開くと、購入・送金・換金できる

アドレスと秘密鍵でやり取りする

ビットコインで取引するためには仮想通貨取引所に口座を開き、現金を預け、換金しなければならない。

現金を預けてビットコインを購入

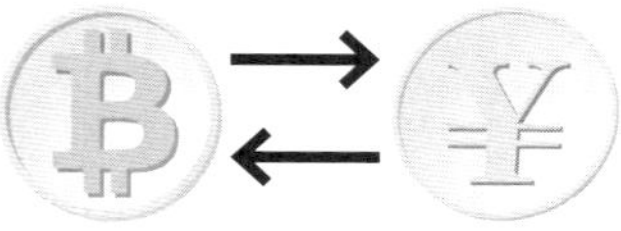

仮想通貨取引所で口座を開き、現金を預け、ビットコインと換金。もしくはクレジットカードなどで購入（いずれも購入時のレート）。

Aさん

日本の場合は、取引所を介しアドレスを取得。通貨をやりとりするのが一般的。

一般の人がビットコインを手に入れるには、インターネット上にある仮想通貨取引所に口座を開いて入金し、そのお金でビットコインを買います（P74）。

取引所では、銀行のように台帳を管理しません。取引手数料が安く、相手が国外でも送金時間が短いというメリットがあります。

購入後のコインは「ウォレット」という財布に保管します。ウォレットは何種類もありますが、大別してネットに接続するホット

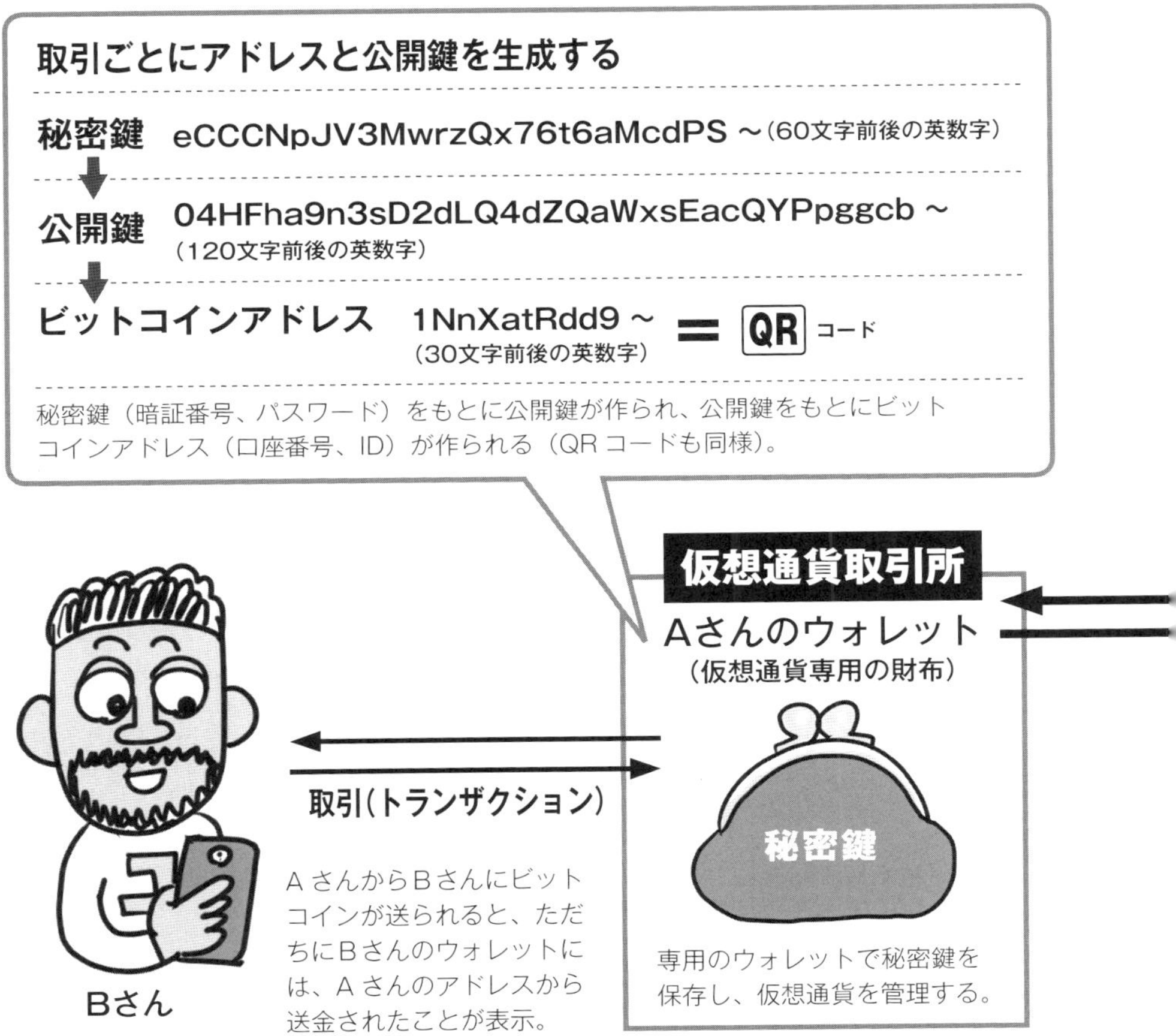
取引ごとにアドレスと公開鍵を生成する
秘密鍵 eCCCNpJV3MwrzQx76t6aMcdPS ～（60文字前後の英数字）
公開鍵 04HFha9n3sD2dLQ4dZQaWxsEacQYPpggcb ～（120文字前後の英数字）
ビットコインアドレス 1NnXatRdd9 ～（30文字前後の英数字） ＝ QR コード
秘密鍵（暗証番号、パスワード）をもとに公開鍵が作られ、公開鍵をもとにビットコインアドレス（口座番号、ID）が作られる（QR コードも同様）。
仮想通貨取引所
Aさんのウォレット
（仮想通貨専用の財布）
秘密鍵
専用のウォレットで秘密鍵を保存し、仮想通貨を管理する。
取引（トランザクション）
A さんから B さんにビットコインが送られると、ただちに B さんのウォレットには、A さんのアドレスから送金されたことが表示。
Bさん

ウォレットと、接続しないコールドウォレットがあります（P80）。

●秘密鍵でコインを守る

ウォレットにはパスワードにあたる秘密鍵（シークレットキー）が付いています。取引時にはその都度、公開鍵から作成された口座番号に当たるアドレスが与えられます。英数字の羅列で個人情報はすぐには特定されませんが、公開鍵（口座番号）と秘密鍵（パスワード）は対になっているため、秘密鍵を他人に見られるとコインが盗まれる可能性があります。

送金直後は両者のウォレットに「未承認」と表示されます。取引確定には「マイニング」が必要で約10分かかります（P26）。

取引の検証から承認まで、ビットコインのネットワーク上の参加者が行う

検証・承認はマイナーが行う

ネットワーク上のマイナーが取引の検証・承認を行う。この作業をマイニングと呼び、約10分かかる。

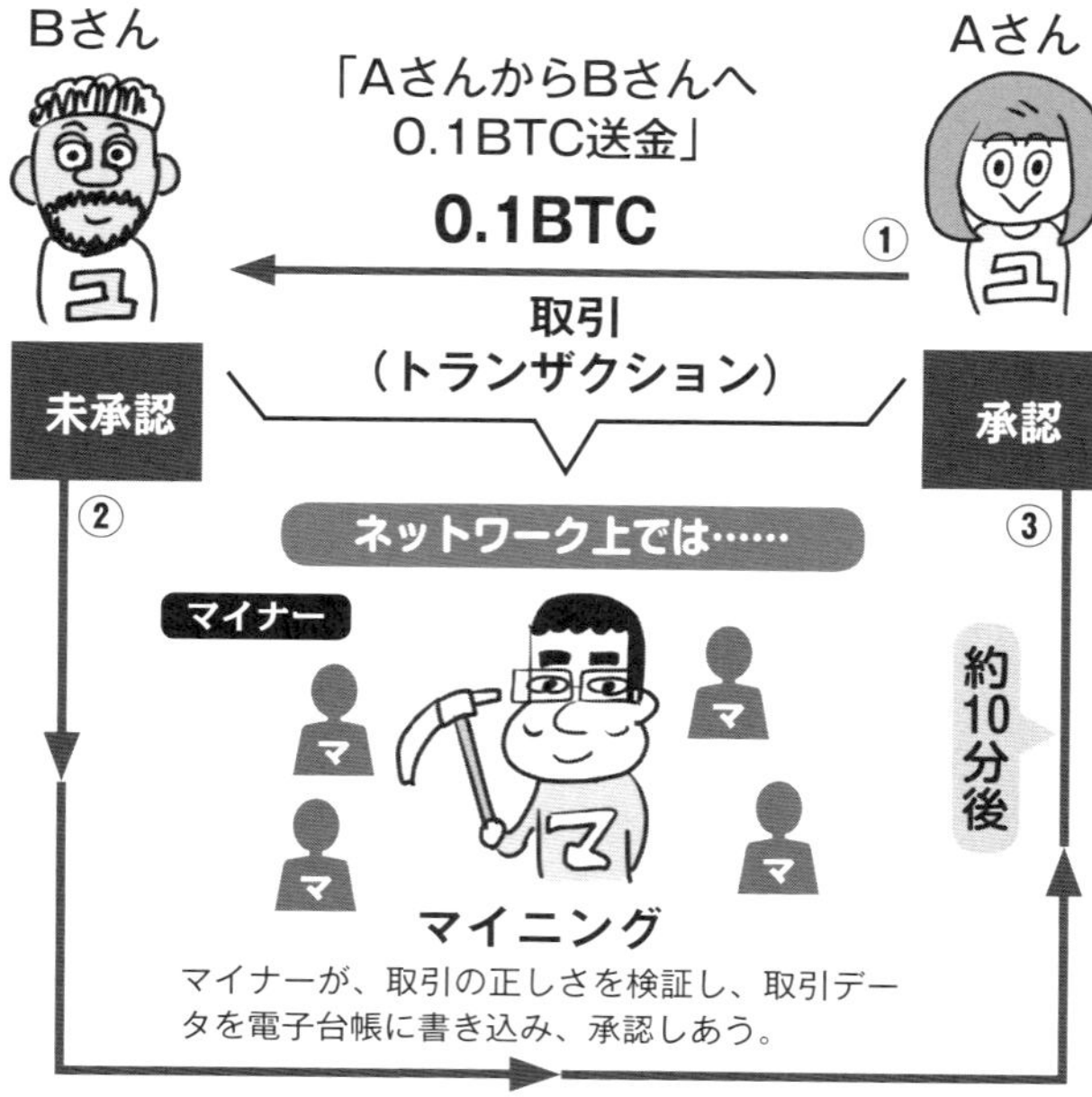

A さんが送金すると、ただちに B さんに連絡がいくが、ウォレットには「未承認」の表示。ネットワーク上に取引データが通知され、マイニングが行われる。「承認」されるまで約10分かかる。

通常、私たちが行う送金や支払といった取引は、銀行などの金融機関が仲介・管理します。

一方ビットコインは個人と個人がダイレクトにつながるため、仲介者はいません。取引を管理するのは、ネットワーク上の全参加者です。「（5BTCを所有していた）AさんからBさんへ0.1BTC送金」という取引が行われると、その取引は瞬時にネットワーク上に公開され、参加者すべてが見られるようになります。

取引の検証と取引データの書き込みが行われる

取引データの検証と書き込みを行うマイナーは、その他のマイナーに承認されると報酬として新規発行コインをもらう。これを金山の採掘に例え「マイニング」と呼ぶ。

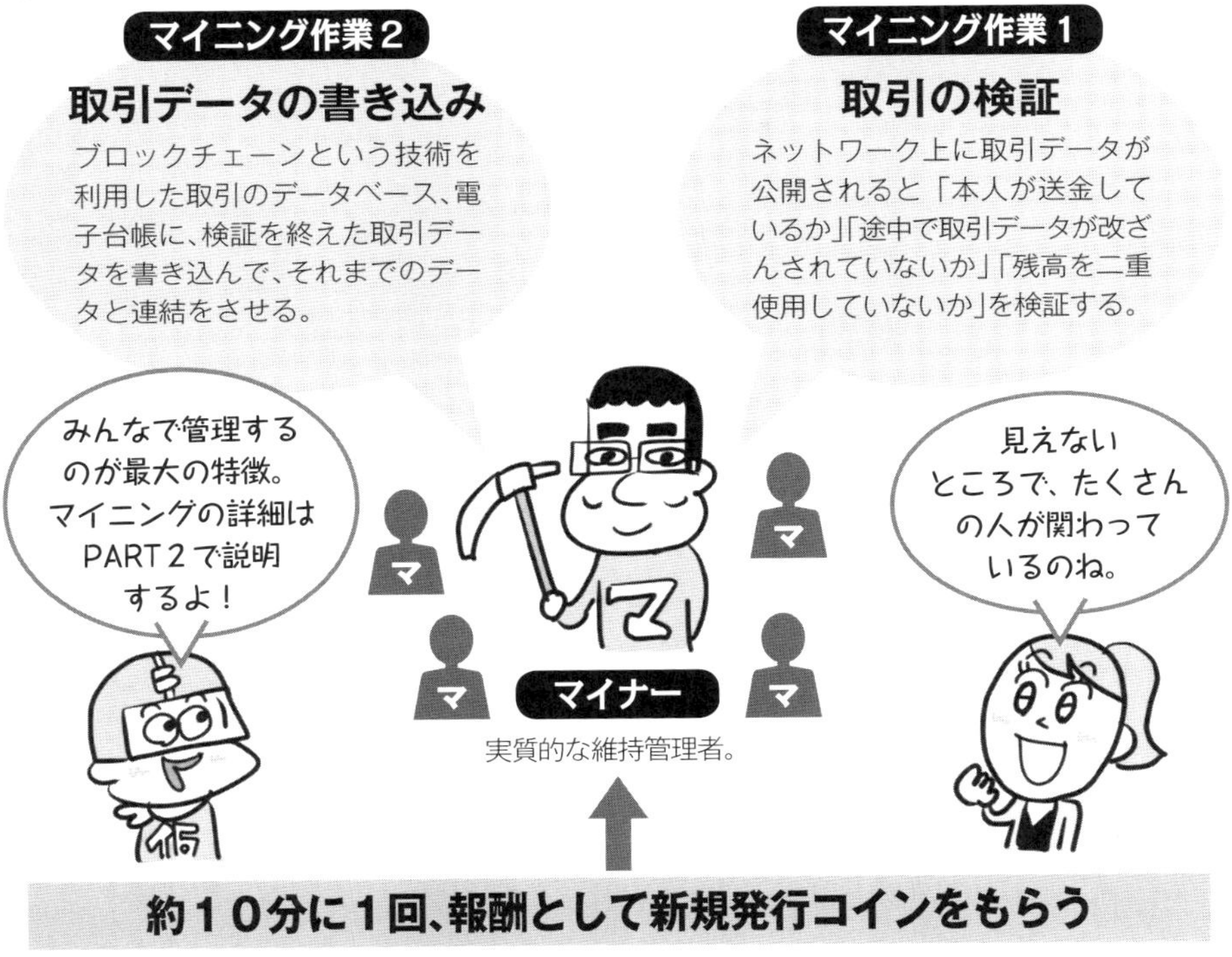
マイニング作業1
取引の検証
ネットワーク上に取引データが公開されると「本人が送金しているか」「途中で取引データが改ざんされていないか」「残高を二重使用していないか」を検証する。
マイニング作業2
取引データの書き込み
ブロックチェーンという技術を利用した取引のデータベース、電子台帳に、検証を終えた取引データを書き込んで、それまでのデータと連結をさせる。
見えないところで、たくさんの人が関わっているのね。
みんなで管理するのが最大の特徴。マイニングの詳細はPART 2で説明するよ！
マ
マイナー
実質的な維持管理者。
約10分に1回、報酬として新規発行コインをもらう

Aさんが実際に5BTCを所有していたか、重複支払はないかなど、過去のデータと照らして取引を検証し、問題がなければ電子台帳に新たな取引として記録します。

この一連の作業をマイニングと呼び、作業に当たるのがマイナーと呼ばれる人たちです。

●マイニング後、表示が承認に

マイニングには約10分かかります。最初は送金相手のウォレットには、「未承認」として表示されます。マイナーによる承認作業が完了すると「承認」に変わります。

ビットコインは、約10分に1回自動発行されます。マイニングを行ったマイナーには、報酬として新規発行コインが支払われます。

発行者も管理者もいない。プログラム通りに発行。ネット上の全員が取引情報を共有、監視する

ビットコインは分散型システムを採用

ビットコインは法定通貨のように国や中央銀行が介在しない。発行者も管理者もいないP2P分散型システムを採用。

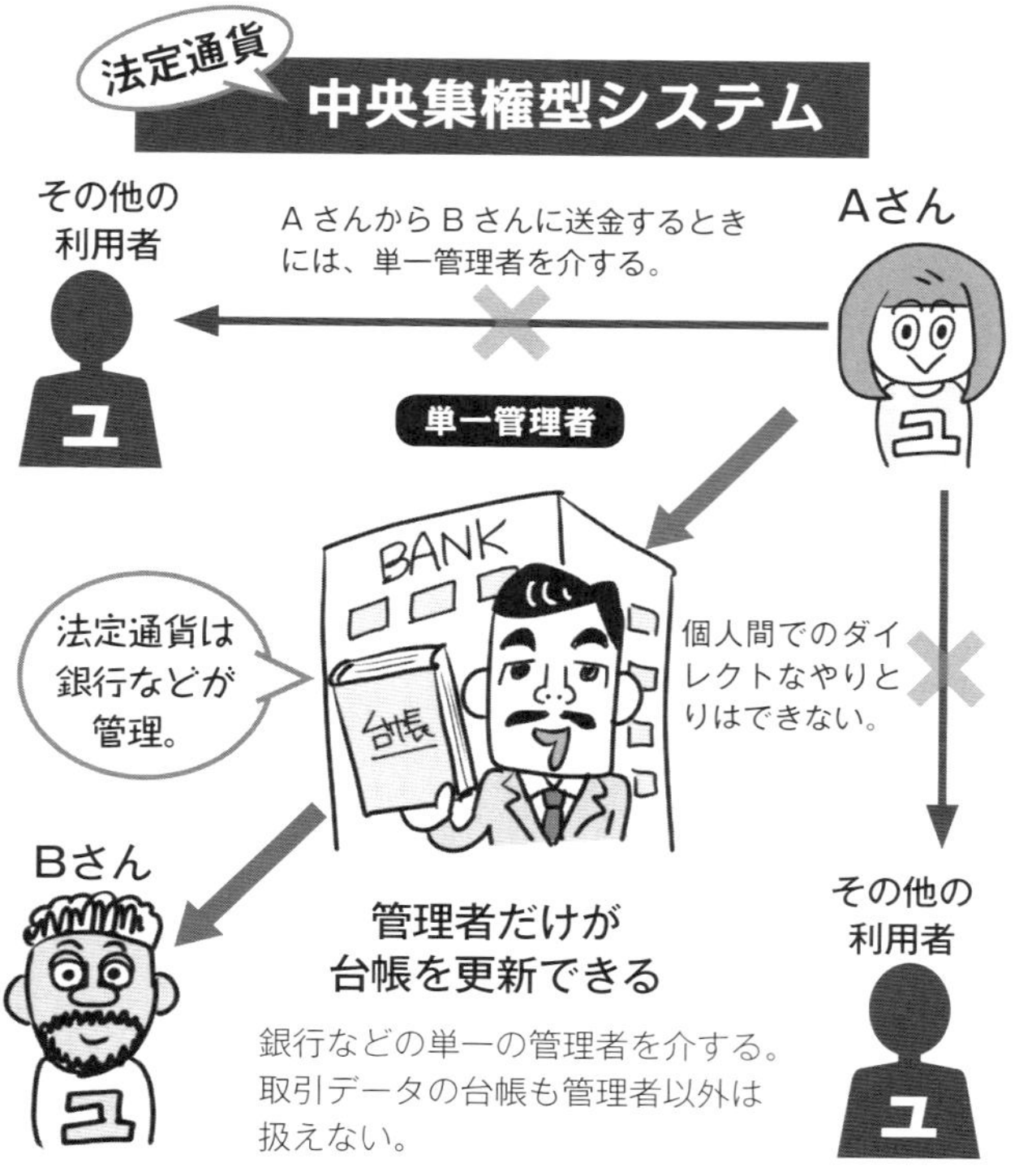
法定通貨
中央集権型システム
その他の利用者
Aさんから B さんに送金するときには、単一管理者を介する。
Aさん
単一管理者
BANK
法定通貨は銀行などが管理。
台帳
個人間でのダイレクトなやりとりはできない。
Bさん
管理者だけが台帳を更新できる
その他の利用者

銀行などの単一の管理者を介する。取引データの台帳も管理者以外は扱えない。

ビットコインが従来の金融システムと異なるのは、特定の発行者と管理者が存在しない点です。

「円」などの法定通貨は、国の中央銀行によって発行・管理される中央集権型システムが基本です。現金取引は銀行などを通じて行われ、手数料や時間がかかります。取引は銀行の台帳で管理するため、銀行はセキュリティに膨大なコストを割き、管理します。

ビットコインは発行量も発行時期もプログラミングされ、発行者

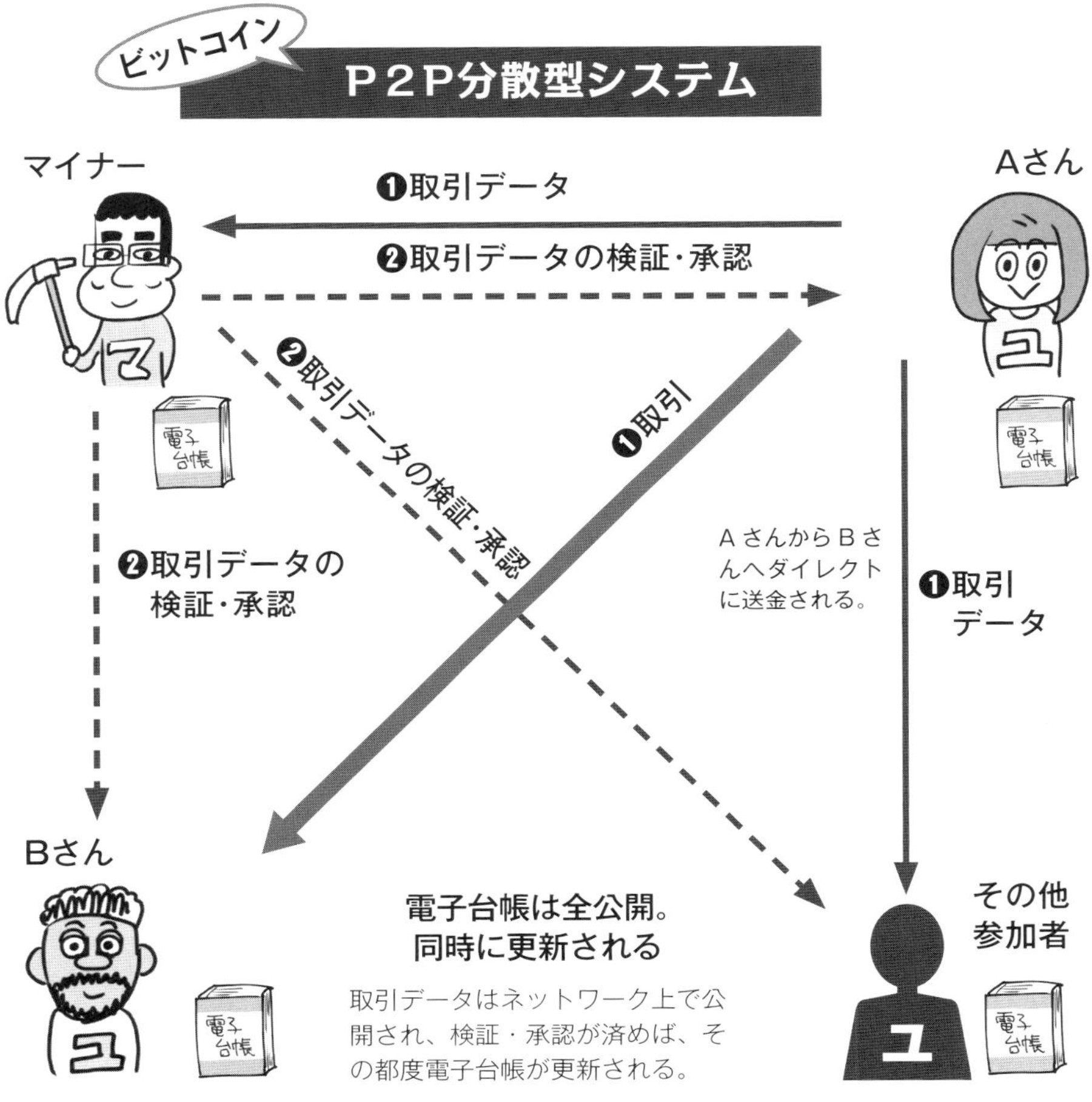
ビットコイン
P2P分散型システム
マイナー
Aさん
❶取引データ
❷取引データの検証・承認
❷取引データの検証・承認
❶取引
電子台帳
Aさんから Bさんへダイレクトに送金される。
❶取引データ
❷取引データの検証・承認
Bさん
電子台帳は全公開。
同時に更新される
取引データはネットワーク上で公開され、検証・承認が済めば、その都度電子台帳が更新される。
その他参加者

も管理者もいません。すべてのコンピューターはフラットな関係で「対等なつながり」を意味するP2Pという分散型システムを採用しています。

●台帳は公開され全員で管理

銀行（仲介者）を通さない代わりに、情報はネットワーク上で公開されます。

取引データが更新されるたびに、全コンピューターの台帳が更新。自動的に無数のバックアップが取られているのと同じ状態になり、セキュリティにコストがかかりません。取引自体は秘密鍵で守られ、取引の動きは衆人環視となるため、不正が起こりにくいとされています。

●ビットコインの開発者

サトシ・ナカモト名義の論文がネット上に発表。正体はいまだにわからないまま

ビットコインの生みの親はサトシ・ナカモトという人物です。日本名ですが日本人かどうかは定かではなく、正体は謎に包まれています。2008年彼は、仮想通貨の元となる理論を発表。管理者なしにオンラインでお金を安全に取引する技術を明らかにしました。

翌年、彼の論文を元に、初めてビットコインが発行され、運用開始。当初は、仲間内でのゲーム通貨のように使われていましたが、やがて世界に普及します。彼は、

サトシ・ナカモトの3年年表

ビットコインの論文を発表したサトシ・ナカモトは、約3年間に世界中のプログラマーと仮想通貨の基礎を確立。

2008年　論文発表

サトシ・ナカモト（Satoshi Nakamoto）の「P2P電子マネーシステム」という論文が暗号理論に関するメーリングリストにて発表される。

初期に約100万BTCを所有しただろうといわれている。100万BTC……今ならすごい額でしょ。
サトシはなぜ名乗らず去っていったのかしら？　名誉以外のメリットは？

2009年　運用開始

ビットコインのソフトウェアが発表され、運用開始。サトシ・ナカモトは、コミュニティの仲間と、ソフトウェアの開発に尽力。

やったー！
できた！
ビットコイン
ソフトウェア
サトシ
イエーイ

2010年 コミュニティを去る

ビットコインと現実社会のピザの交換成立。サトシ・ナカモトはコミュニティの中心メンバーに管理・運営を譲る。

あばよ!!
サトシ
100万BTC
サトシ!!!
レジェンド……

ビットコインのソフトウェアの開発にも参画したといわれています。

その後、プロジェクトを仲間に渡し、ビットコインの世界から退場。保有するとされる約100万BTCは、現在の相場で数千億円にも上ります。巨万の富を手にした今、実名は明かさずビットコインの行方を静かに見守っているほうが、幸せなのかもしれません。

サトシ・ナカモト探しの結末は？

サトシ・ナカモト探しは、多くの推測が飛び交うなか、迷宮入りとなる可能性もあります。世界の通貨に成長したビットコインは今後、生みの親よりその将来性に、人々の注目は移っていくのでしょう。

●ビットコインの思想

中央集権を否定した自由主義の通貨革命。国家に左右されない通貨の必要性から誕生

分散管理で通貨を個人の手に戻す

中央管理者を無理に信用し、通貨の価値を安定させるより、コンピューターシステムを信用し、個人で取引する。

中央集権型システム

・国家、銀行の権限が大きい。
・国家、銀行を信用することで成立するシステム。
・個人間での自由な取引ができない。

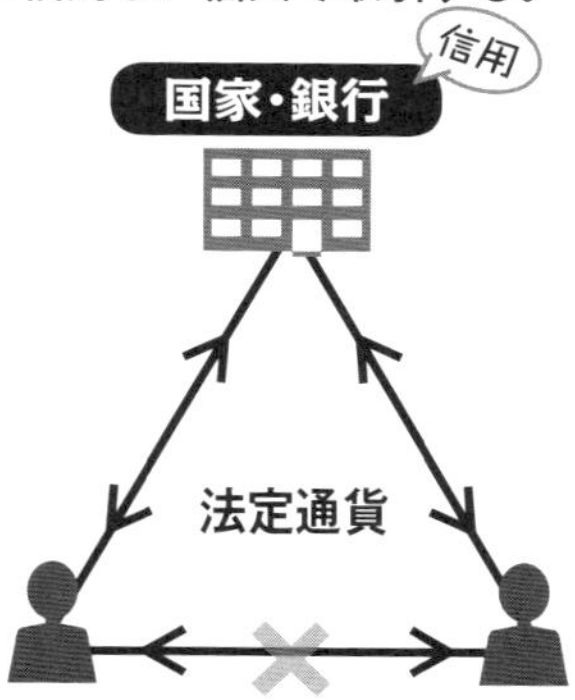

個人間での取引は不可。

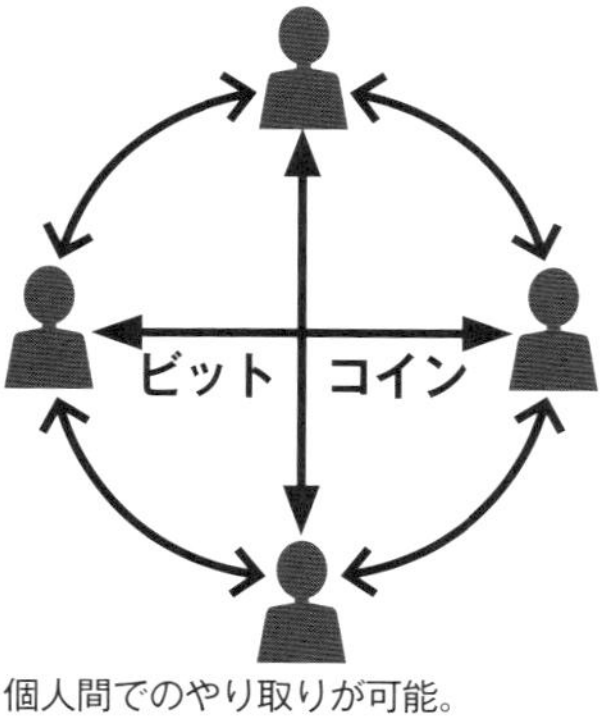

個人間でのやり取りが可能。

P2P分散型システム

・個人対個人で通貨の取引を可能にする。
・ブロックチェーンという新技術が信用の担保となる。
・ネットワークの参加者全員で取引を成立させる。
・取引の検証・承認を行った人に報酬を与え、良心的な行動を引き出す。

サトシ・ナカモトはなぜ、ビットコインを考案したのでしょう。インターネットは、個人が誰とでも直接つながることのできる世界を実現しました。管理者の不要な世界であるインターネットユーザーのなかには、誰にも縛られない完全自由主義「リバタリアニズム」の思想を持つ人も多いとか。

ところが、金融システムは相変わらず国や銀行に管理されたままです。法定通貨は中央銀行が発行し、取引は市中銀行が管理してい

法定通貨の信用が崩れるときにビットコインが高騰

現実社会でビットコインのニーズが高まったのがキプロス危機。国や銀行が信用を失うとき、法定通貨がビットコインに流れ込む典型例。

キプロス共和国、通称キプロス
EUに属する地中海にある小さな島国。観光&高金利・低税率で外国マネーを受け入れる金融立国を目指していた。
銀行資産はGDPの約8倍、預金残高は約4倍にのぼっていた。
ギリシャ
キプロス
地中海
ココ
仮
❶
2013年
ギリシャの金融危機でキプロスの銀行に不良債権が発生。EUに救済を求めるが、反対される。
ダメよ
キプロスは怪しいロシアマネーが流入しているわ!
❷
EU、IMFが100億ユーロを貸す代わりに、キプロスの銀行預金に課税し、58億ユーロの負担を要求。預金者に負担させるという前代未聞の手法に預金者が反発。
BANK
❸
預金をビットコインに替える人が急増。ビットコインの価格も高騰。
法定通貨からビットコインへ
法定通貨
❹

ます。通貨の価値は、管理者を無条件に信用することでしか成立しないのです。

●お金を個人の手に!

この状況を変革し、お金の世界でも管理者不要の分散型システムを作るというのが、ビットコインの思想です。お金の主権を国や企業から個人の手に取り戻す「民主主義」の理論なのです。

ビットコインの誕生と時を同じくして、リーマンショックが発生。キプロスの金融危機は、国や銀行の信用を損ない、ビットコインへの流れを加速させました。

このような背景で生まれたビットコインは、時代の要請に応じた、必然的な産物かもしれません。

●運用メンバー

運用に関わるのはコア開発者。しかし他の参加者も対等の立場

ビットコインは当初、サトシ・ナカモトの開発したソフトをもとに、100名程のプログラマーで運用されていました。今は「コア開発者」と呼ばれる開発チームの主要メンバーが、運用の方向性やルール改善を行っています。

基本的にコア開発者は顔を合わせず、世界各地に散らばったままオンライン上で技術提案のレビューとテストなどを行います。

ネットワーク上には、ビットコインの採掘や取引検証を行う「マ

参加者全員に役割がある

コア開発者以外のネットワークの参加者も、同程度の権力を持つため、コア開発者＝中央集権にはなりえない。

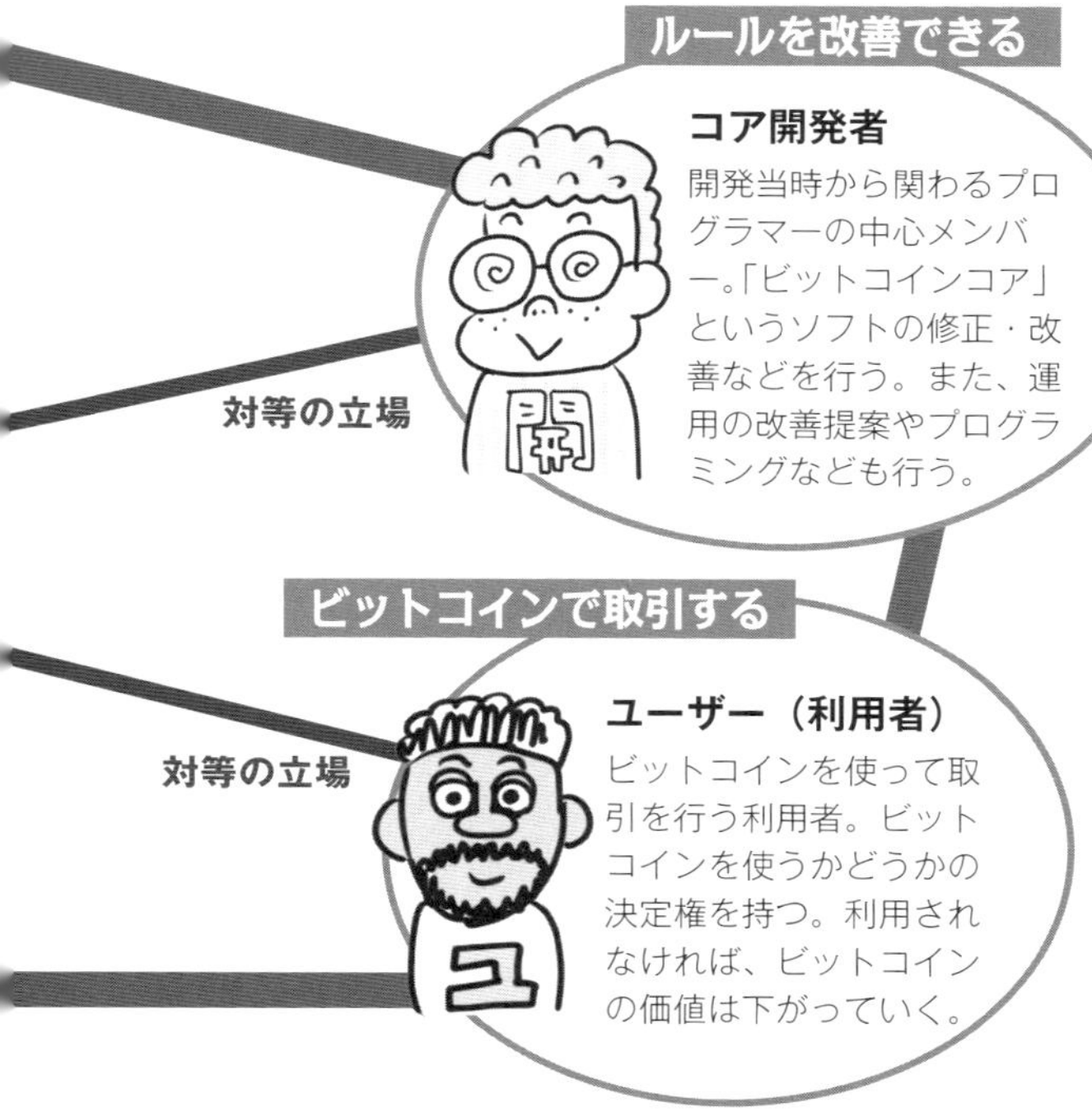

ルールを改善できる
コア開発者
開発当時から関わるプログラマーの中心メンバー。「ビットコインコア」というソフトの修正・改善などを行う。また、運用の改善提案やプログラミングなども行う。
開
対等の立場
ビットコインで取引する
ユーザー（利用者）
ビットコインを使って取引を行う利用者。ビットコインを使うかどうかの決定権を持つ。利用されなければ、ビットコインの価値は下がっていく。
対等の立場
ユ

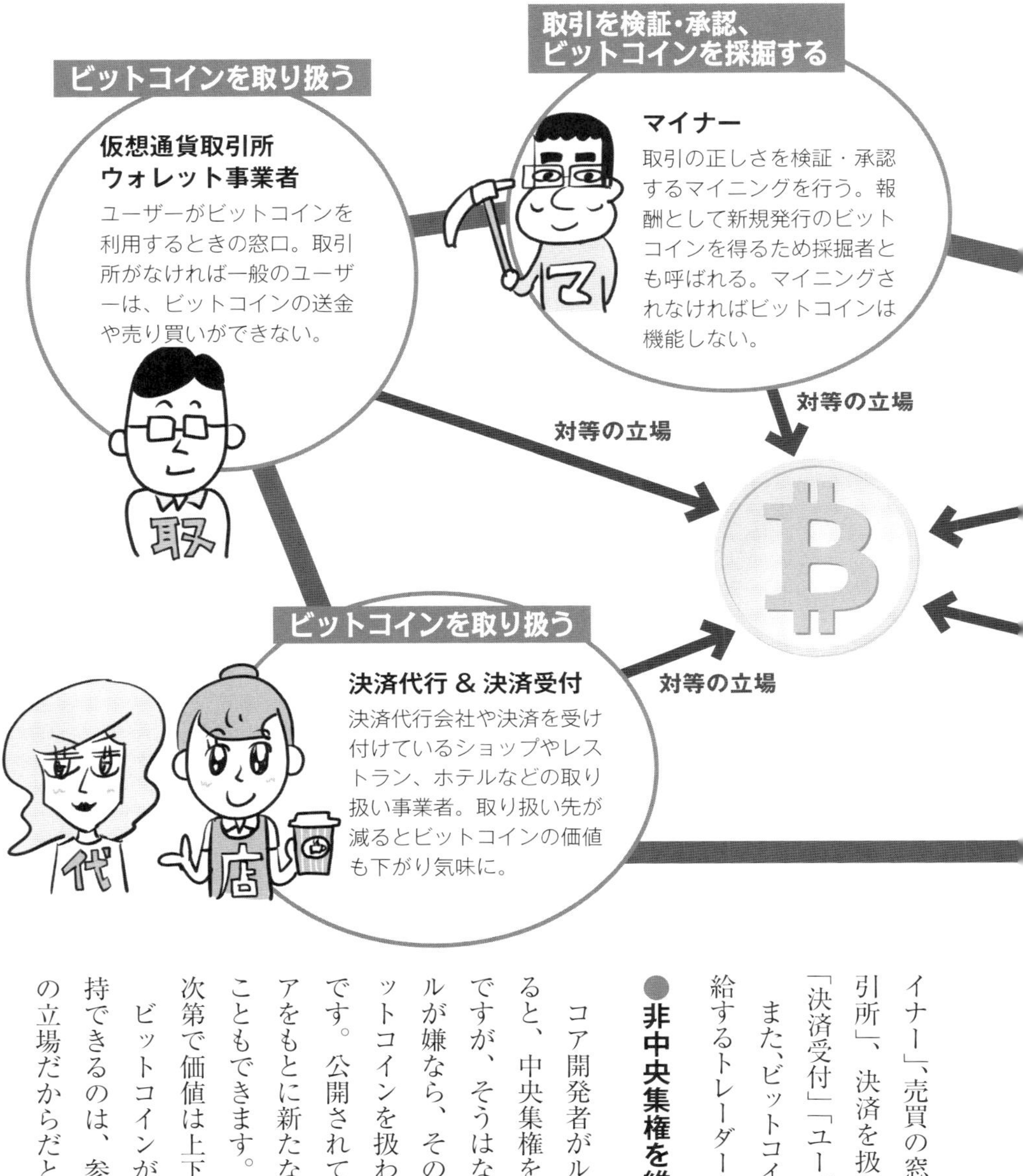
取引を検証・承認、
ビットコインを採掘する
マイナー
取引の正しさを検証・承認するマイニングを行う。報酬として新規発行のビットコインを得るため採掘者とも呼ばれる。マイニングされなければビットコインは機能しない。
ビットコインを取り扱う
仮想通貨取引所
ウォレット事業者
ユーザーがビットコインを利用するときの窓口。取引所がなければ一般のユーザーは、ビットコインの送金や売り買いができない。
対等の立場
対等の立場
対等の立場
ビットコインを取り扱う
決済代行 & 決済受付
決済代行会社や決済を受け付けているショップやレストラン、ホテルなどの取り扱い事業者。取り扱い先が減るとビットコインの価値も下がり気味に。

イナー」、売買の窓口「仮想通貨取引所」、決済を扱う「決済代行」「決済受付」「ユーザー」がいます。

また、ビットコインの流動性を供給するトレーダーも存在します。

●非中央集権を維持する関係性

コア開発者がルールを握るとなると、中央集権をイメージしがちですが、そうはなりません。ルールが嫌なら、その他の参加者がビットコインを扱わなければいいのです。公開されているソフトウェアをもとに新たな仮想通貨を作ることもできます。メンバーの動き次第で価値は上下します。

ビットコインが非中央集権を維持できるのは、参加者全員が対等の立場だからだといえます。

複数の取引データをブロック化し、時系列順に永久保存できる新技術を採用

一方向にデータが連なっていく

取引データがたった１本の鎖状の情報として連なっていく。ブロックは不可逆、つまり後戻りしないことが特徴。

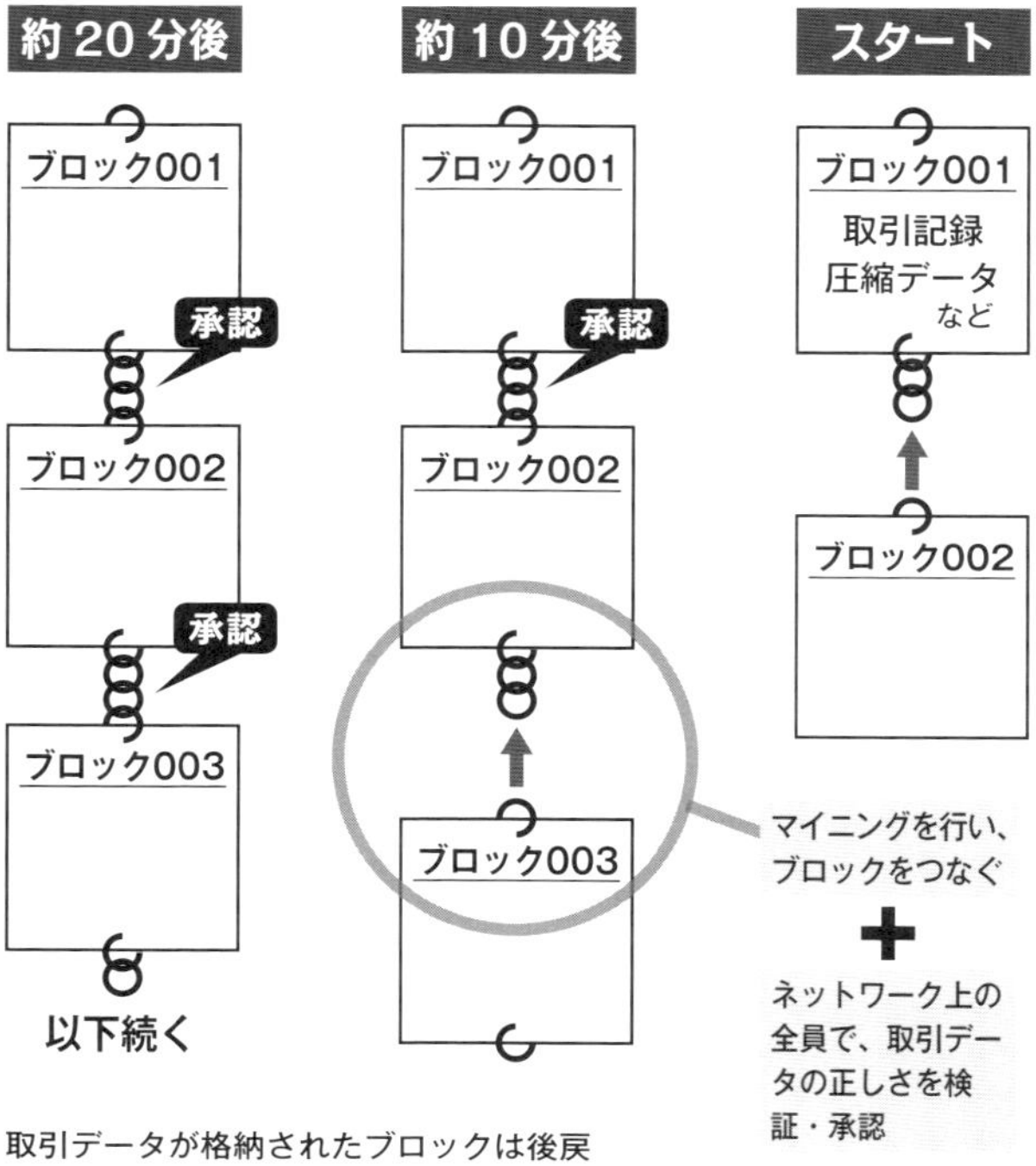

取引データが格納されたブロックは後戻りすることなく、時系列順に連なる。

ビットコインが非中央集権型でいられるのは、ネットワークの参加者の立場が対等であると同時に「ブロックチェーン」という中核技術を備えているためです。

「ブロックチェーン」は、ビットコインだけでなくフィンテック（P16）にも欠かせない技術です。

取引データはブロックに格納され、時系列順に1本の鎖状に連なります。ネットワーク上のすべてのコンピューターは同じデータを保存し、さかのぼって改ざんする

ビザンチン将軍問題は共同作業の課題だった

「ビザンチン将軍問題」とは、お互いに離れた状態で偽情報が伝達される可能性がある場合、正しい合意を行えるか、というコンピューターサイエンス上の難問。

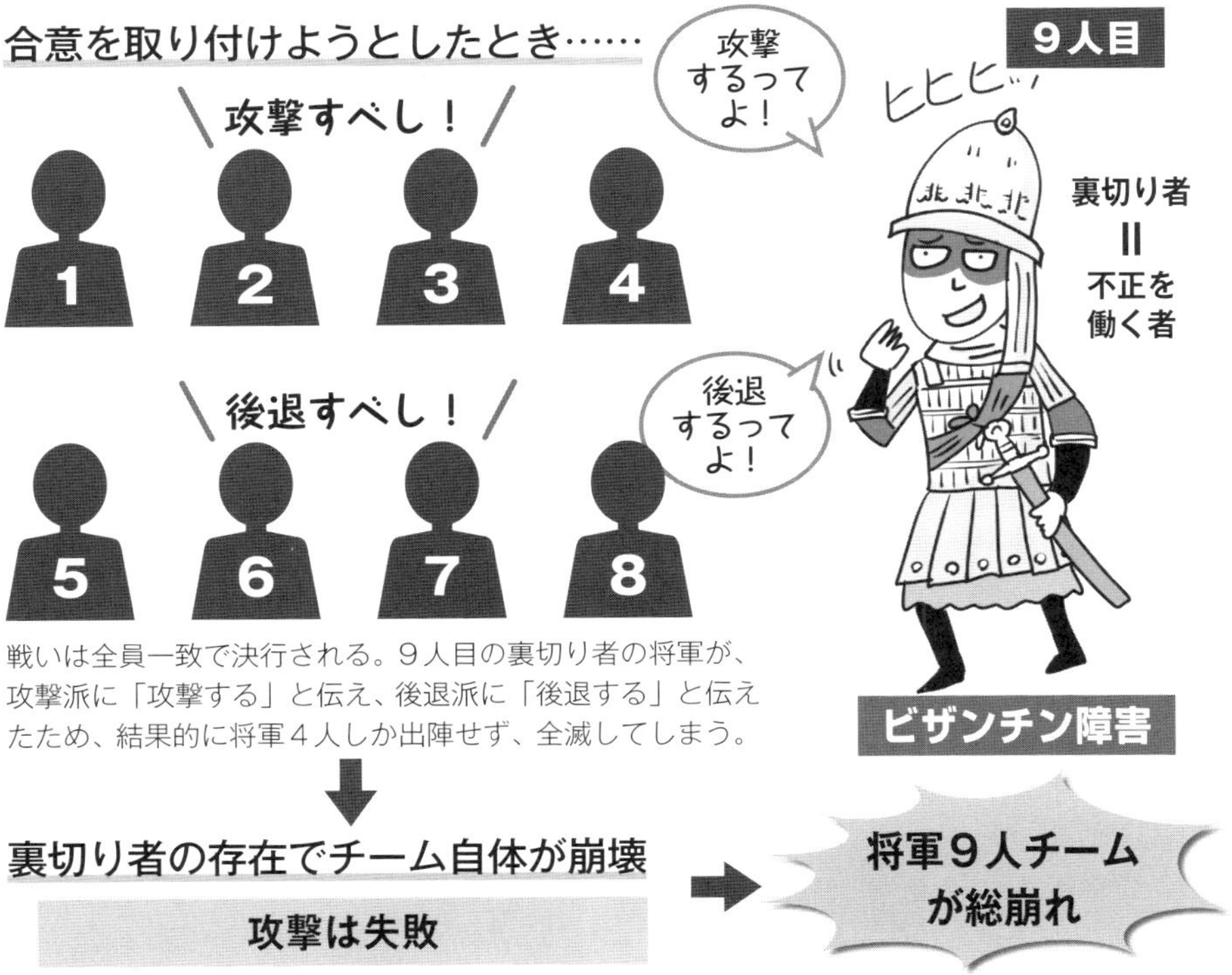
合意を取り付けようとしたとき……
攻撃すべし！
1
2
3
4
後退すべし！
5
6
7
8
攻撃するってよ！
後退するってよ！
9人目
ヒヒヒッ
裏切り者＝不正を働く者
ビザンチン障害
戦いは全員一致で決行される。９人目の裏切り者の将軍が、攻撃派に「攻撃する」と伝え、後退派に「後退する」と伝えたため、結果的に将軍４人しか出陣せず、全滅してしまう。
裏切り者の存在でチーム自体が崩壊
攻撃は失敗
将軍９人チームが総崩れ

ことはできません。従来の台帳は、銀行が中央集権的に管理しますが、ブロックチェーンは同じ電子台帳を分散管理するため、「分散型台帳技術」とも呼ばれます。

●分散型システム上の難問に解

ブロックチェーンが画期的なのは「ビザンチン将軍問題」という分散型システム上の難問を解決した点です。

不特定多数がインターネット上で共同作業をする場合、誰が不正を働くかわかりません。最悪の場合、システム自体が崩壊することも。信用を必要とする作業は不可能とされてきました。

ところがブロックチェーンの技術で、この問題に解が出ました。

プルーフオブワークで不正者を排除

ブロックチェーンはマイナーがブロック承認作業を行い、報酬を得るプルーフオブワークというしくみを設けているため、裏切り者が出ない。

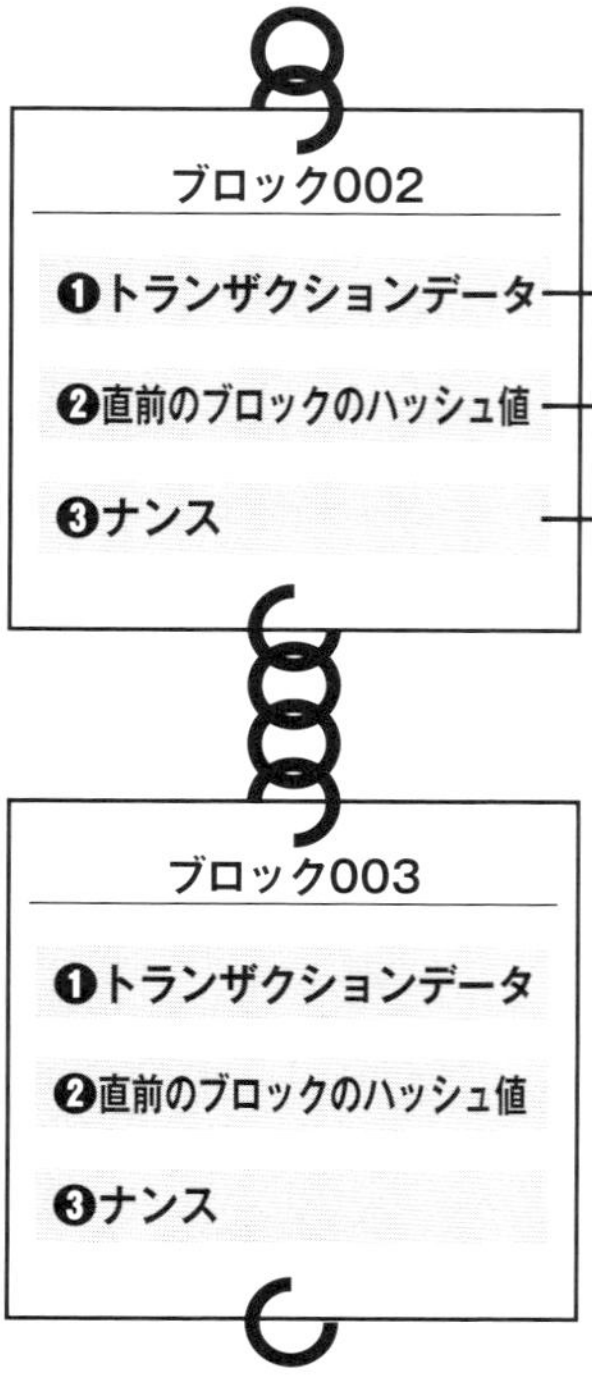

❶トランザクションデータ
⇒ビットコインの取引データ
トランザクションとは取引のこと。取引データの正しさを確認し、データをブロックに格納していく。

❷直前のブロックのハッシュ値
⇒直前のブロックから作られた出力値
直前のブロックの情報をハッシュ関数で出した値。この値により、次のブロックをつなぐことができる。

❸ナンス
⇒直前のブロックにつなぐための数字
❶＋❷＋❸をハッシュ値に置き換えたときに、ビットコインのシステムが要求する数字になるような値。つまりブロック同士をつなぐ鍵のような数字。

ブロックチェーンでは「プルーフオブワーク（ＰｏＷ）」という、参加者個人の信用にかかわらず、誰が作業しても信頼できるしくみが生まれました。

取引台帳であるブロックには、ビットコインの取引データと前のブロックから出されたハッシュという数値、ブロックをつなぐためのナンスという数が入っています。

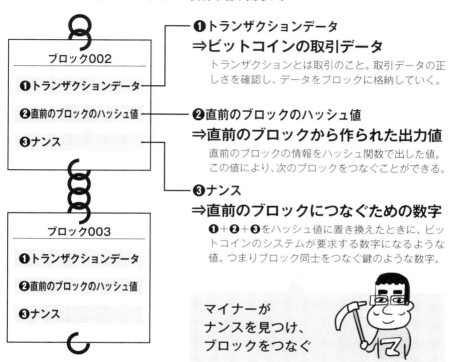

ここに新たな取引を格納したブロックをつなげるには、ナンスを見つけなければなりません。

ナンスを見つけるには膨大な計算が必要で、これを行うのがマイナーの仕事のひとつです。ナンスの発見は早い者勝ち。ナンスが見つかると、他のマイナーがナンスの正しさを検証します。承認され

分岐（フォーク）を起こしたときのルール

同時に２人以上がナンスを発見した場合、ブロックチェーンが枝分かれするフォークという分岐現象が起こる。最終的に長く伸びたほうを優先する。

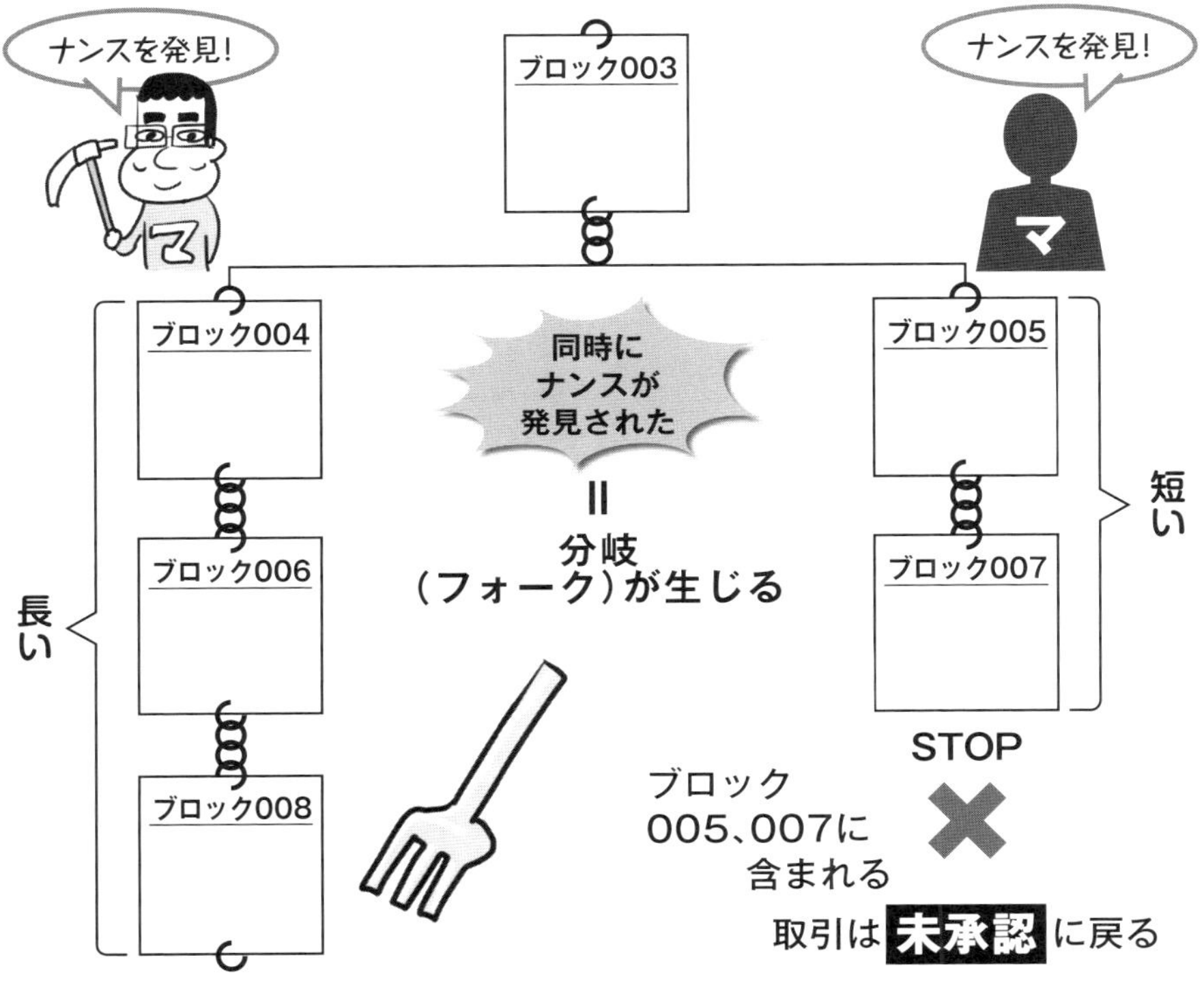
ナンスを発見！
ナンスを発見！
ブロック003
ブロック004
ブロック005
同時にナンスが発見された
＝
分岐（フォーク）が生じる
短い
ブロック006
ブロック007
長い
ブロック008
STOP
ブロック005、007に含まれる
取引は未承認に戻る

枝分かれするのがまるでフォークみたいだから分岐を「フォーク」っていうんだよ！

ればブロックはつながり、ナンスを発見したマイナーは新規発行のコインを受け取ります。なお、同時にナンスが見つかった場合は分岐が起こりますが、ルールに従って対処されます。

　早い者勝ちで膨大な計算を行いナンスを当てたら、今度はそれを公開で検証する、というプルーフオブワークのおかげで、不正はほぼ不可能。裏切り者が生まれないしくみができているのです。

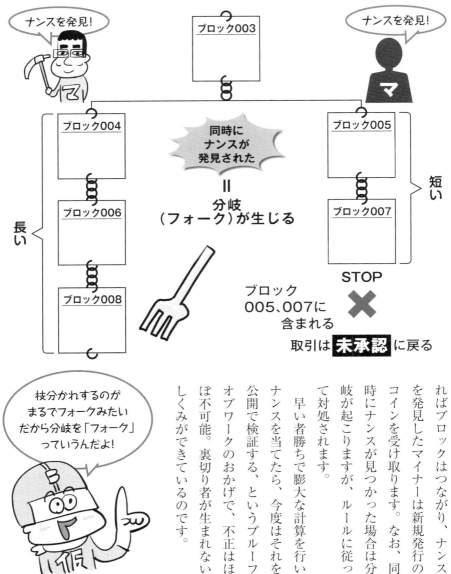

取引データは改ざん、不正使用ができない。手数料は安く、世界共通で使える

ビットコインの信用は、プルーフオブワーク技術を基盤とするブロックチェーンによって保たれています。簡単に不正を働けないため、参加者一人ひとりの信用を証明する必要はありません。

信用の担保が「人」や「組織」からコンピューターのシステムに移ったことを意味する画期的な出来事です。

私たちは従来、国や銀行を信用し、管理を一任してきました。言ってみれば取引は安心と引き換え

信用＆利便性を支える４つのポイント

ブロックチェーンという新技術を採用したことで、法定通貨にはない新しい信用が生まれた。

1 プルーフオブワークのおかげで 取引データは改ざん不可能

ビットコインの取引データをすべて保存できるブロックチェーンは、改ざんできないようにプルーフオブワーク（P38）というしくみを採用している。

2 国や銀行の支配を受けずに 個人対個人で取引できる

国や銀行に信用を求め、通貨の価値を安定させるのではなく、コンピューターのシステムそのものを信用することで、個人間の直接取引が成立する。

3 ネットワーク上の全員で分散管理するため、サイバー攻撃に対して強靭

P2P分散型システム（P29）なので、コンピューターの一部がサイバー攻撃を受けても、他のコンピューターでそれをカバーできる。

4 取引台帳の管理に仲介業者がいらないため、余分なコストがかからない

ネットワークの参加者全員で台帳管理を行う。銀行やカード会社による管理は不要。送金や精算、決済時の手数料は法定通貨の４分の１程度で済む。

に、管理者の支配下に置かれていたのです。

●管理者の支配から自由になる

プルーフオブワークを用いれば、相手の信用を問う必要はなくなるため管理者は不要。個人対個人の取引が可能となり、個人は管理者の支配から自由になります。

すべての参加者が対等で、同じ取引データを管理しています。誰かがサイバー攻撃を受けてデータが破損しても、すぐに他の参加者のデータで復旧できます。

銀行のようにセキュリティにコストをかける必要もありません。仲介者がいないのでコストもかからず、手数料は従来の約４分の１に削減できるといわれます。

●ビットコインの市場

発行以来ノンストップで運用されている。投機対象からネット社会のインフラに

現在、仮想通貨は投機対象として注目を集める一方、危険なものとして敬遠する人も多いようです。確かに今は値動きが激しく、一日の中でも大きく変動します。

またビットコイン以外にも、新たな仮想通貨（アルトコイン）が続々と発行され、どの通貨なら安全なのか、利用者に迷いが生じるのもうなずけます。

仮想通貨の信頼性を見極めるには、いくつかの条件があります。まず、発行や運用などのシステ

値動きに影響する６つの問題

ビットコインは変動相場制で、価格がさまざまな影響で変動する。とくに左の６つの問題が起こると変動しやすい。

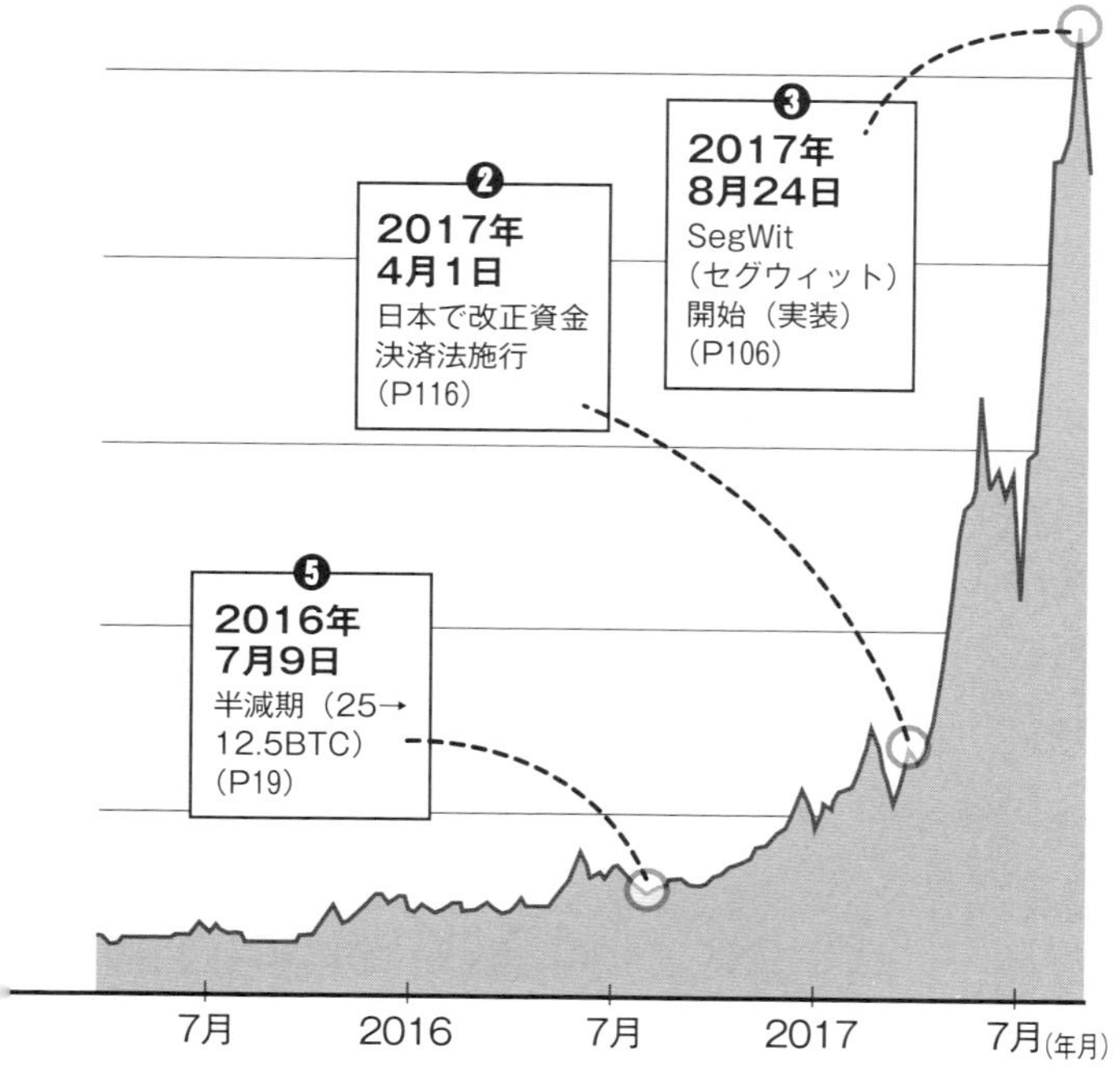

❸
2017年
8月24日
SegWit
（セグウィット）
開始（実装）
（P106）
❷
2017年
4月1日
日本で改正資金
決済法施行
（P116）
❺
2016年
7月9日
半減期（25→
12.5BTC）
（P19）
7月
2016
7月
2017
7月
(年月)

❶ 経済危機や戦争など有事のとき

❷ 各国で仮想通貨の法整備が行われるとき

❸ コア開発者により、運用方針・仕様の変更が発表されたとき

❹ 仮想通貨取引所でのハッキングなどのトラブル

❺ ４年に１度訪れるビットコイン発行の半減期

❻ その他の問題（メディアでの報道など）

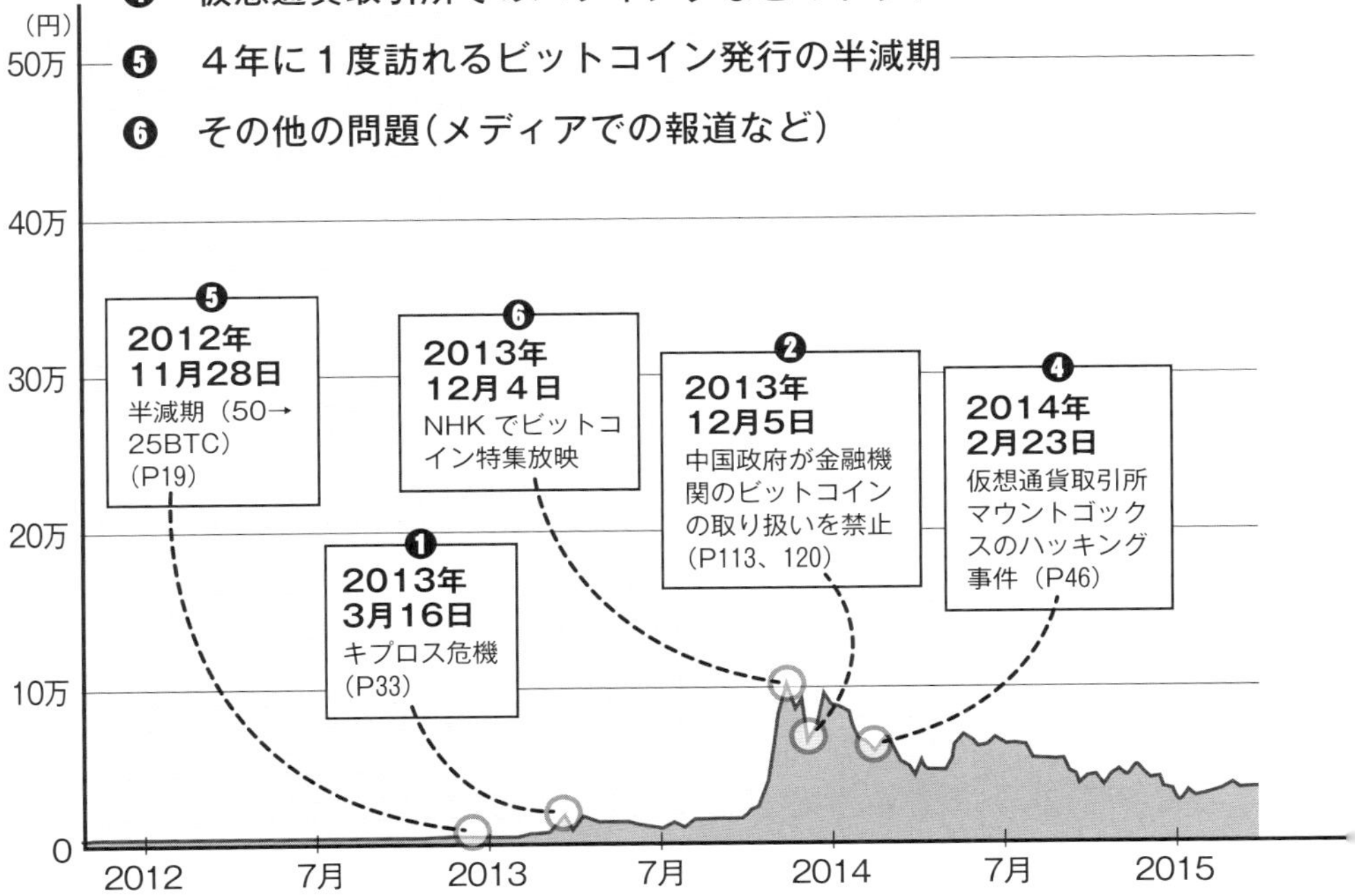

出典：https://jp.tradingview.com/

ムがきちんと設計されていること。次に利用者が正常に利用できていること。そして、ある程度の運用実績があること、などです。

●生活に欠かせないものへ

一見システムが整っているようでも、運用の最中で思わぬ問題が生じることもあります。利用者の数がある程度増え、しばらく問題なく運用されているのを見極める姿勢が大事です。

ビットコインの場合、すでに世界中の利用者によって実績が積み重ねられ、信用されています。

今後、仮想通貨は情報社会の重要なインフラとして存在感を高め、生活に欠かせないものとなっていくにちがいありません。

わかったかな!?
PART1を30秒で理解する

●ビットコインはもっとも歴史のある仮想通貨（暗号通貨）。正確にはコインではなく取引データの集合体。

●コインの単位はBTC。コンピュータープログラムにより約10分に1回、一定額自動発行される。

● 2140年までに2100万BTCと発行上限が決まっているため、発行量が減るほど価値は上昇し、インフレが起こりにくい構造。

●サトシ・ナカモトという謎の人物が、これまでの金融システムに対抗して考案した新しいネット上の通貨のシステム。

●ビットコインには発行者も管理者もいない。国や銀行に頼る中央集権型システムではなく、プルーフオブワークによって参加者全員で個人間の取引（トランザクション）を管理する。

●経済危機や戦争などの有事、法定通貨の信用が揺らいだときに強い。

●取引記録には改ざん困難なブロックチェーンという技術が使われている。

●オンライン上の仮想通貨取引所に口座を開き、現金でビットコインを購入し、取引を行う。

●取引データの書き込み作業はマイニングと呼ばれ、ネットワーク上の第三者・マイナーが行う。

●マイニングが成功すると報酬として新規発行コインがもらえるため、ビットコインは金山の採掘にたとえられる。

PART 2

発行のしくみ、安全と信用は？

ビットコインのシステムは
ブロックチェーンという新技術に支えられている。
取引記録はネットワークの参加者全員に公開され監視される。
衆人環視のもとにある改ざんできないデータによって、
通貨としての信用が高まる。

電子署名された取引データが第三者により検証・承認されることで不正が起こらない

ビットコインで不正が起こらないって本当なの？　よくビットコインが盗まれちゃったなんてニュースがあるじゃない？

有名なのは**マウントゴックス事件**だね。当初はサイバー攻撃によるとされ、「ビットコインは危ない」と騒がれたけど、これはマウントゴックス固有の問題だ。ビットコインやブロックチェーンには問題がないことが再認識されたため、取引量も減らず、価格も回復。ビットコイン取引はすべて公開されて衆人環視だから、不正は不可能なんだ。

衆人環視で安心というけど、調べようと思ったら誰が誰と取引したかわかっちゃうんでしょ。なんだか不安じゃない？

取引するときのアドレスは全部暗号化され、個人の特定はできない。暗号化に使われるのは「ＳＨＡ‐２５６」という**ハッシュ関数**の**アルゴリズム**で、ひとつでも異なる文字を入れるとまったく違う文字

・**マウントゴックス事件**…２０１４年、当時世界最大のビットコイン取引所だったマウントゴックスが、大量のビットコインと現金の盗難にあい、経営破綻。社長が逮捕されたが、社長は無罪を主張。別件の資金洗浄容疑で捕まったロシア人が関与したとの情報もあり、事件の真相は明らかにされていない。

・**ハッシュ関数**…任意の長さのデータから、固定長（あるデータベースで格納できるデータ数のこと）の擬似乱数（一見ランダムだ列になる。このアルゴリズムはもっともよく使われているもので、ブロックチェーンではマイニングにも使われている。

ネット社会では、問題があれば個人情報などすぐ調べられるけど、何もなければ、わざわざ調べられることはないよ。

そうねぇ。でも、マイナーはデータをいじるチャンスがあるんでしょ？　マイナーに盗まれたりしないの？

そこが、ブロックチェーンのすごいところだね。マイナーが不正をしても、得をしないしくみになってるんだ。

マイナーはまず、送られてきた取引データを検証し、膨大な計算処理を行って取引データをブロックに格納し、つないでいく。完了すると、新規発行コインと、各取引につけられた手数料を受け取ることができる。

だからマイナーは、手数料が高い取引から順番に承認していくというわけだ。この一連の作業はとても手間がかかり、金山を採掘して金を掘り出す作業に似ているから、採掘（マイニング）と呼ばれている。

不可逆な暗号で記録されている電子台帳を改ざんするには膨大な作業と時間を要するから、割に合わない。不正を働いて追跡されるリスクよりも、真面目にマイニングをして、正当な報酬をもらうほうがいい。ビットコインの安全と信用は、目に見えない複雑なしくみに守られているんだよ。

が計算によって求められた数字＝ハッシュ値）を作り出すために一定の処理を行うこと。

・アルゴリズム…問題を解決するための計算手順、処理手順。

SHA-256は暗号化通信や電子署名などにも使われているよ。
任意の長さのデータ
cf6eb39cf9b5ed1d9b07ff1b1c3eb49a4c2445e117c8ce01b48be6e564781e4b5ce8a7fd0c528b89554afcabb358b724022a68ddf7d7a7788f43cdfe263f035ecf6eb39cf9b5ed1d9b07ff1b1c3eb49a4
ハッシュ関数SHA-256のアルゴリズムで計算
ハッシュ値(64桁)
6fd2db21c1198df8523a29bac8b62dacb1d92950a693aa32d5698d31241d00ff

新規発行、取引データがブロック内に格納され、連なっていく

マイニングの流れ

ユーザー同士の取引の裏で、マイナーが複雑なプロセスを踏んで、取引の検証と承認を行っている（マイニング）。

1 ブロックは、３種類のデータが格納され、成立
❶ トランザクションデータ
❷ 直前のブロックのハッシュ値　**❸ ナンス**

2 マイナーが取引データを検証し、ブロック内に格納
取引（トランザクション）の検証（P54）

3 **❸ナンス**は「？」のまま。コンピューターが「特定の条件を満たす出力値」を提示
➡特定の条件を満たす出力値＝❶＋❷＋❸をハッシュ関数に変換して導き出した数字

4 マイナーが**❸ナンス**を探す
ブロック接続のためのナンスの探索（プルーフオブワーク）（P56）

5 最初に**❸ナンス**を発見したマイナーが他のマイナーに告知

6 他のマイナーが**❸ナンス**を検証・承認
ブロック承認（P58）

7 ブロックがつながり、探し出したマイナーに報酬として新規発行コインが送られる
コインベース（P60）

ブロックはビットコインの取引台帳。「取引データ」「直前のブロックのハッシュ値」「前のブロックにつなぐための数字」の3つからなります。条件に合う数字（ナンス）を探し、新たな取引データを格納したブロックをつなげるのがマイナーの仕事「マイニング」です。

最初にナンスを見つけた人は、マイナー全員に告知。他のマイナーはナンス検証。正しければブロックは承認。成功したマイナーは新規発行コインをもらいます。

ブロック内に格納されている3種類のデータの中身

ブロック内には3つのデータが格納され、前後のブロックはハッシュ関数で関連付けられている。

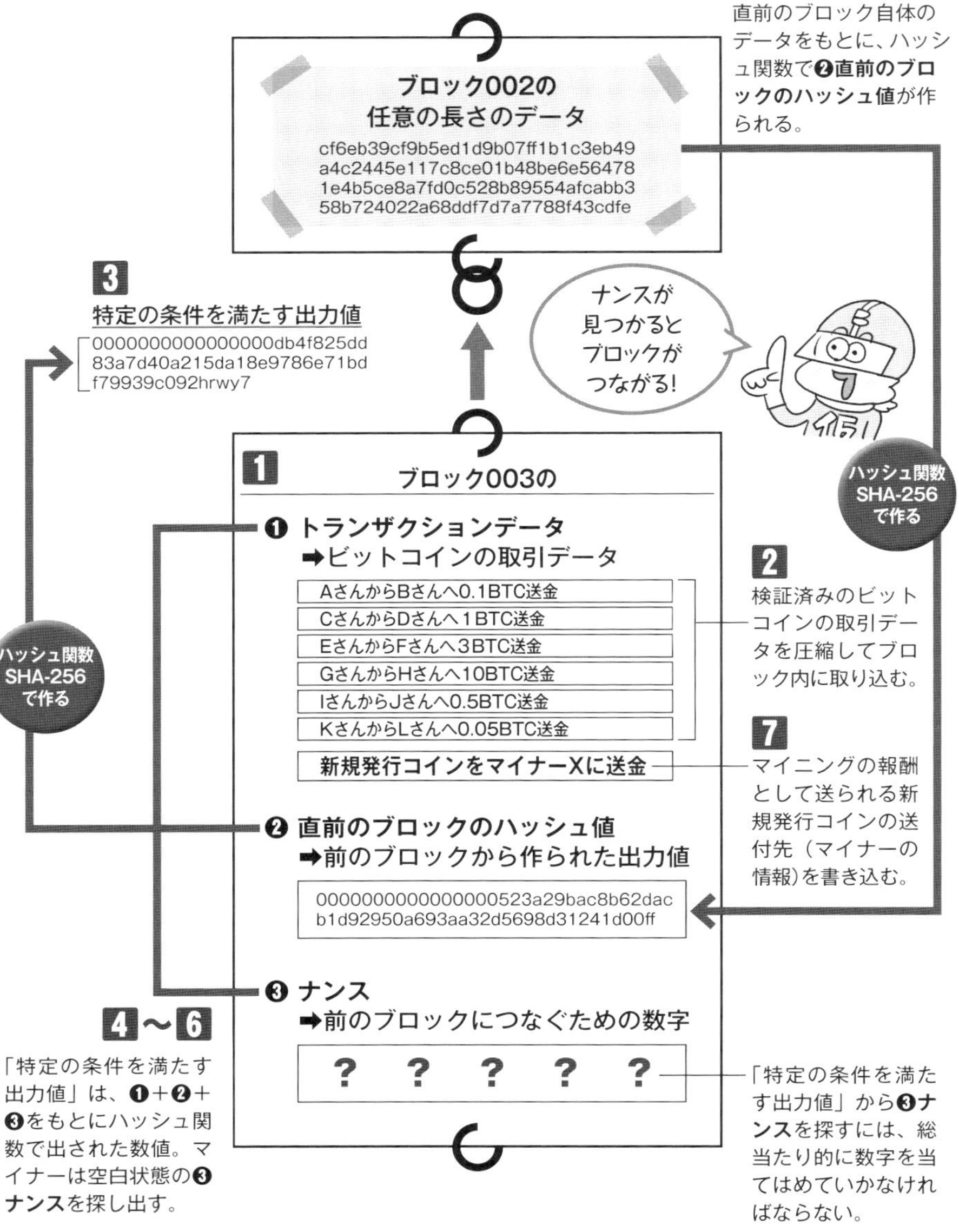

●マイニングの由来

取引データをブロックにおさめ、つなぐ作業をマイニング、作業をする人をマイナーと呼ぶ

取引データを検証し、取引データの台帳であるブロック同士をつなぐ作業をマイニングといいます。日本語で「採掘」という意味。作業者はマイナーと呼ばれます。

ビットコインは発行量が限られたコインです。それを得ようと多くの人が競い合う姿が、金鉱山で、金を得ようと競って採掘する鉱員に重なることから、こう呼ばれるようになりました。

もちろんビットコインは金のように埋まっているわけではなく、

金鉱山の採掘にたとえられる

ビットコインの取引の検証・承認は、発行上限があるビットコインを鉱山にたとえたところからマイニングと呼ばれる。

〈金鉱山の採掘〉

採掘
（マイニング）
金鉱山から鉱石を採掘する。英語で採掘はマイニング。
金鉱山
金の精製
採掘した鉱石から金を抽出・精製し、形成する。
GOLD
採掘者
（マイナー）
取引
市場で金が取引される。

〈ビットコインのマイニング〉

ビットコインは、発行上限が2100万BTCと決まっているため、有限の鉱山にたとえられる。一連の作業をマイニングと呼んでいる。

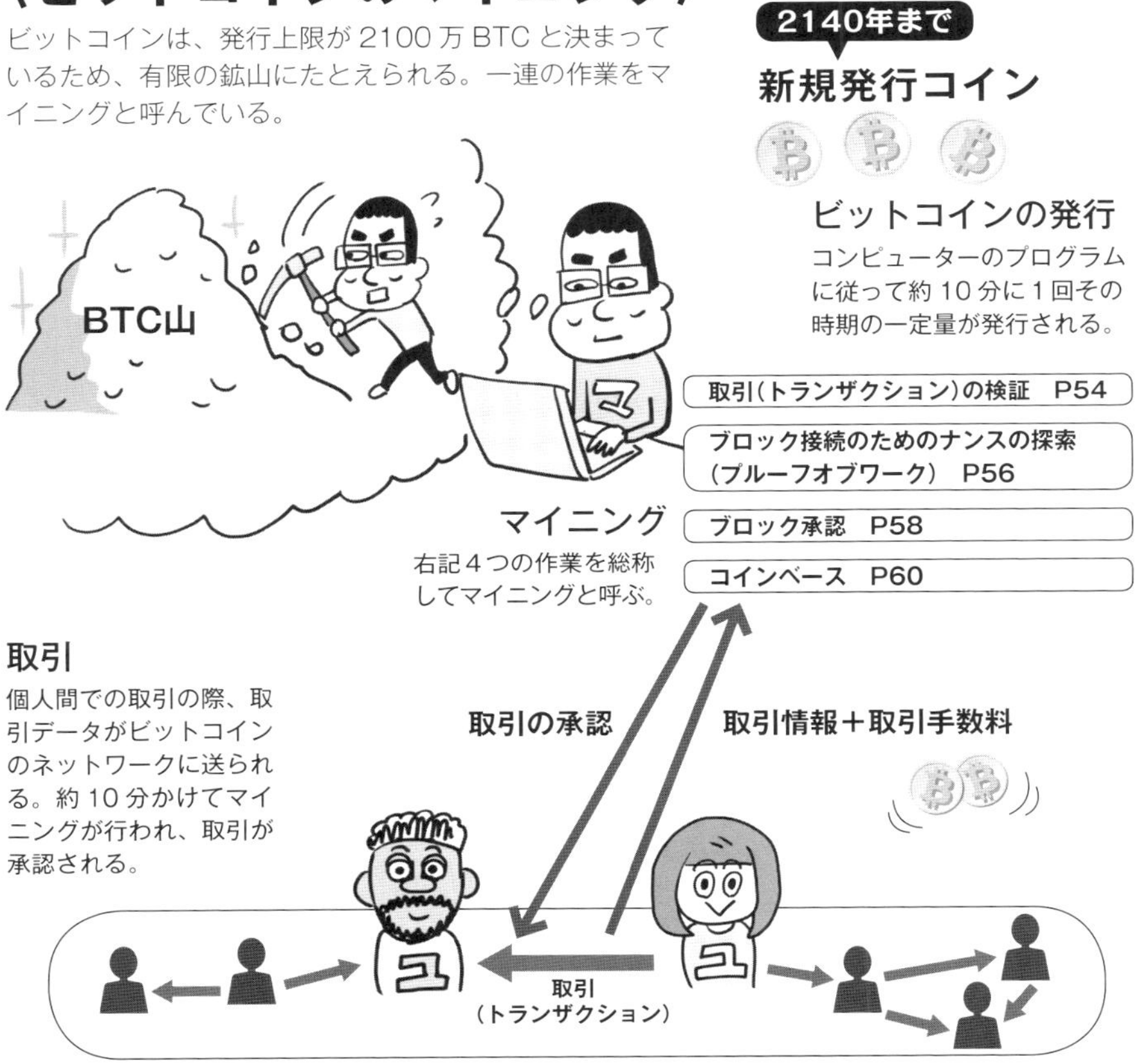

2140年まで
新規発行コイン
ビットコインの発行
コンピューターのプログラムに従って約10分に1回その時期の一定量が発行される。
BTC山
マ
取引(トランザクション)の検証　P54
ブロック接続のためのナンスの探索(プルーフオブワーク)　P56
ブロック承認　P58
コインベース　P60
マイニング
右記4つの作業を総称してマイニングと呼ぶ。
取引
個人間での取引の際、取引データがビットコインのネットワークに送られる。約10分かけてマイニングが行われ、取引が承認される。
取引の承認
取引情報＋取引手数料
ユ
ユ
取引
(トランザクション)

プログラムに従って自動発行されているもの。

また、マイナーはつるはしの代わりに高性能のコンピューターにより「採掘」を行います。

しかし、報酬を求めて血眼になる姿には、どこか通じるものがあります。

●計算競争の勝者がコインを獲得

マイニングには「取引の検証」「ブロック接続のためのナンスの探索」「ブロック承認」「コインベース」の4つの作業があります。

このうちナンスの探索の勝者には、新規発行コインと取引承認の際支払われる取引手数料が与えられます。このためマイナーは必死にナンスの探索に挑んでいます。

マイニングはマイナー間の計算スピード競争。勝者だけがビットコインをもらえる

マイナーは、ビットコインの取引を検証してブロックに格納。それを前のブロックにつなげるため、ナンスを探索します。ナンスの探索では、競って総当たり計算に取りかかります。競争に勝ちナンスが見つかると、他のマイナー(ノード)たちの検証・承認を受けてブロックは接続。報酬の新規発行コインを手にします。

ナンスの発見までにかかる時間は、約10分間に保たれています(P62)。

マイニング時の4つのポイント

マイニングが行われないと取引は完了しない。ナンスの探索には約10分かかるように設定されている。

■取引(トランザクション)の検証 P54

取引データは、ビットコインの維持管理ネットワーク内のメモリープールに送られる。取引手数料の高いものから順にマイナーがピックアップし、内容を検証し、ブロックに取り込んでいく。

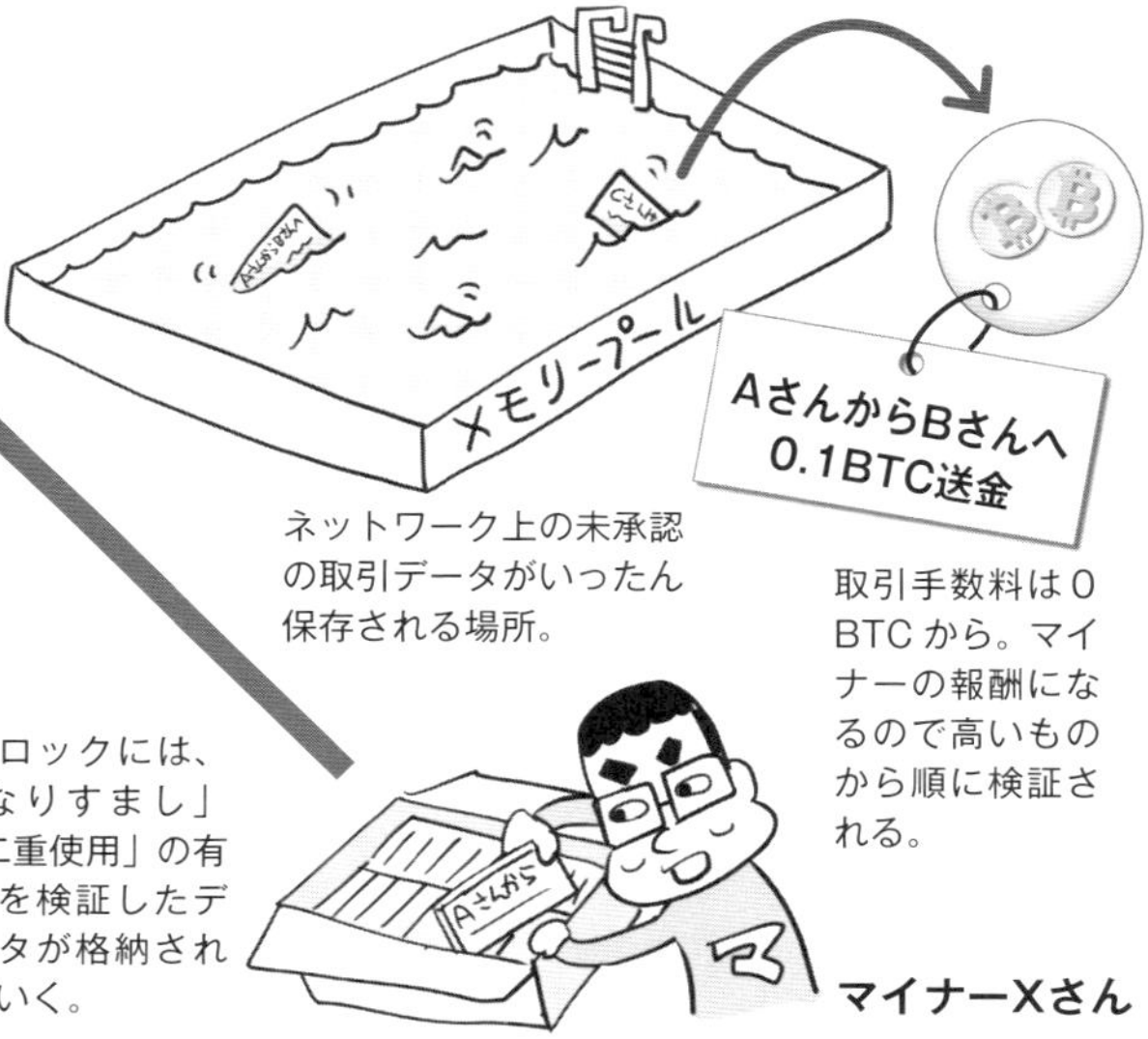

メモリープール
AさんからBさんへ
0.1BTC送金
マイナーXさん

ネットワーク上の未承認の取引データがいったん保存される場所。

取引手数料は0BTCから。マイナーの報酬になるので高いものから順に検証される。

ブロックには、「なりすまし」「二重使用」の有無を検証したデータが格納されていく。

特定の条件を満たす出力値

0000000000000000db4f825dd8
3a7d40a215da18e9786e71bdf7
9939c092hrwy7

↓

ナンス ？ ？ ？

「特定の条件を満たす出力値」などから総当たり的に数字を当てはめ、ナンスを探し出す。

■ブロック接続のためのナンスの探索

（プルーフオブワーク） P56

マイナーはブロックチェーンの最新のブロックに、いち早く作業中のブロックをつないで報酬を得るために、ナンスを特定しようと総当たり計算を行う。

■ブロック承認 P58

最初にナンスを探し出したマイナーが、発見したことを告知すると、その他のマイナーがそのナンスが正しいかどうかを検証し、承認する。

その他のマイナー
（ノード）

新規発行コイン

■コインベース P60

ナンスを発見したマイナーが「新規発行コインをブロック製作者に送金」という旨の取引データをブロックに格納する。これで取引が成立する（生成）。直前のブロックにつながると、報酬が得られる。

報酬を受け取るための情報も格納。ブロック同士がつながる。

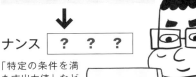

取引データの正しさ、「なりすまし」と「二重使用」の有無を検証する

取引(トランザクション)の検証の流れ

送金が行われるときには、マイナーはその取引データに不正がないか検証し、確認できたらブロックに格納する。

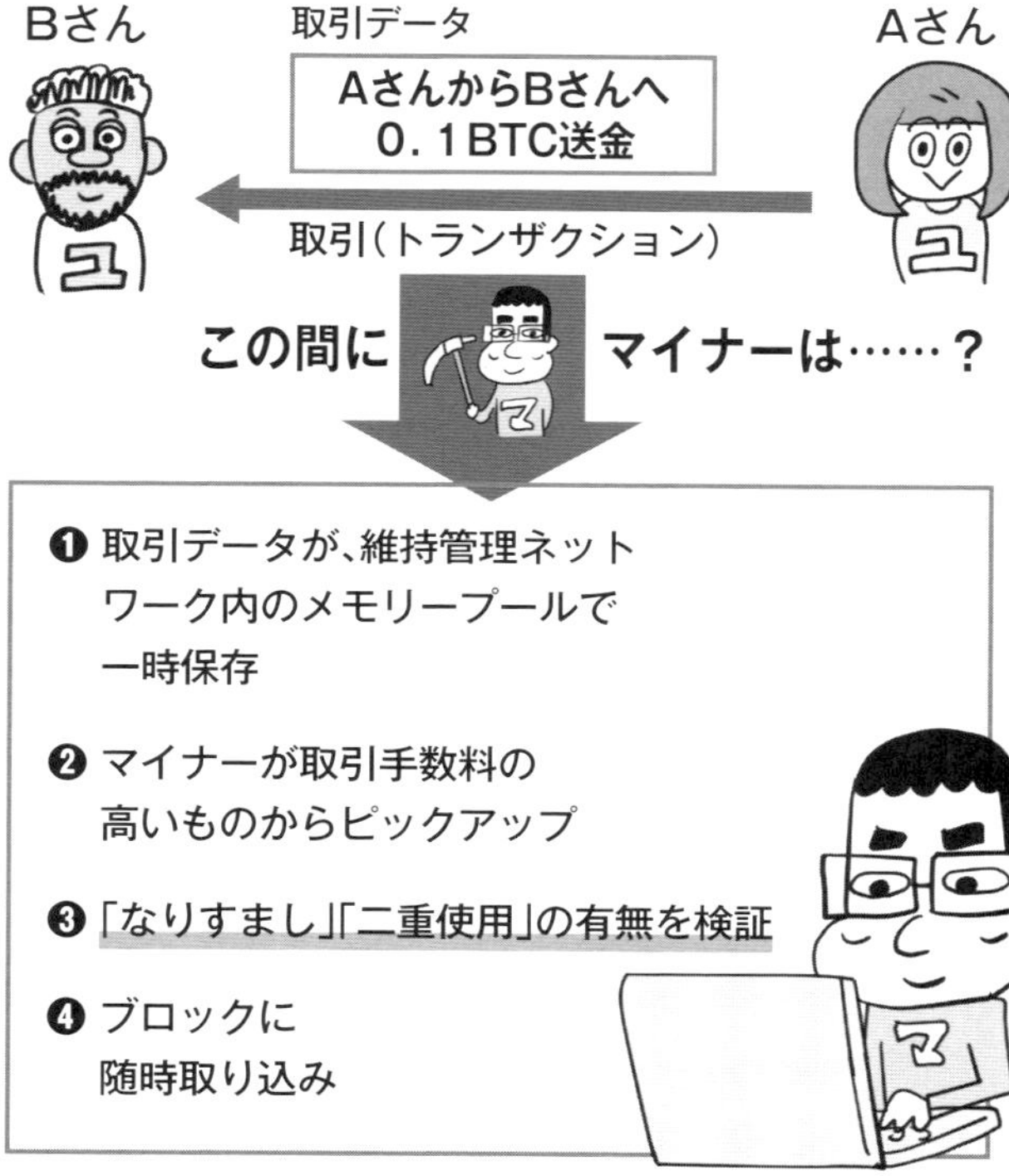
Bさん
取引データ
Aさん
AさんからBさんへ
0.1BTC送金
取引(トランザクション)
この間に
マイナーは……？
❶ 取引データが、維持管理ネットワーク内のメモリープールで一時保存
❷ マイナーが取引手数料の高いものからピックアップ
❸「なりすまし」「二重使用」の有無を検証
❹ ブロックに随時取り込み

マイニングの最初は「取引（トランザクション）の検証」です。ビットコインの維持管理ネットワーク上にいるマイナーたちは、メモリープールに保存された取引データをピックアップ。「なりすまし」や「二重使用」などの不正がないかを検証。検証を終えた取引から、ブロックに格納していきます。

「なりすまし」とは、Aさんを装って、Aさんの口座から自分の口座に送金するというもの。これを見抜くには、公開鍵を使って本物

「なりすまし」と「二重使用」の検証法

「なりすまし」は公開鍵で、「二重使用」は電子台帳で検証する。問題がなければ、ブロックに取引データを格納していく。

❶「なりすまし」の検証

悪意のある第三者が、取引データを改ざんして自分のところに送金させようとするのを防ぐ。マイナーは第三者が送金者になりすましていないか、公開鍵を使い確認する。

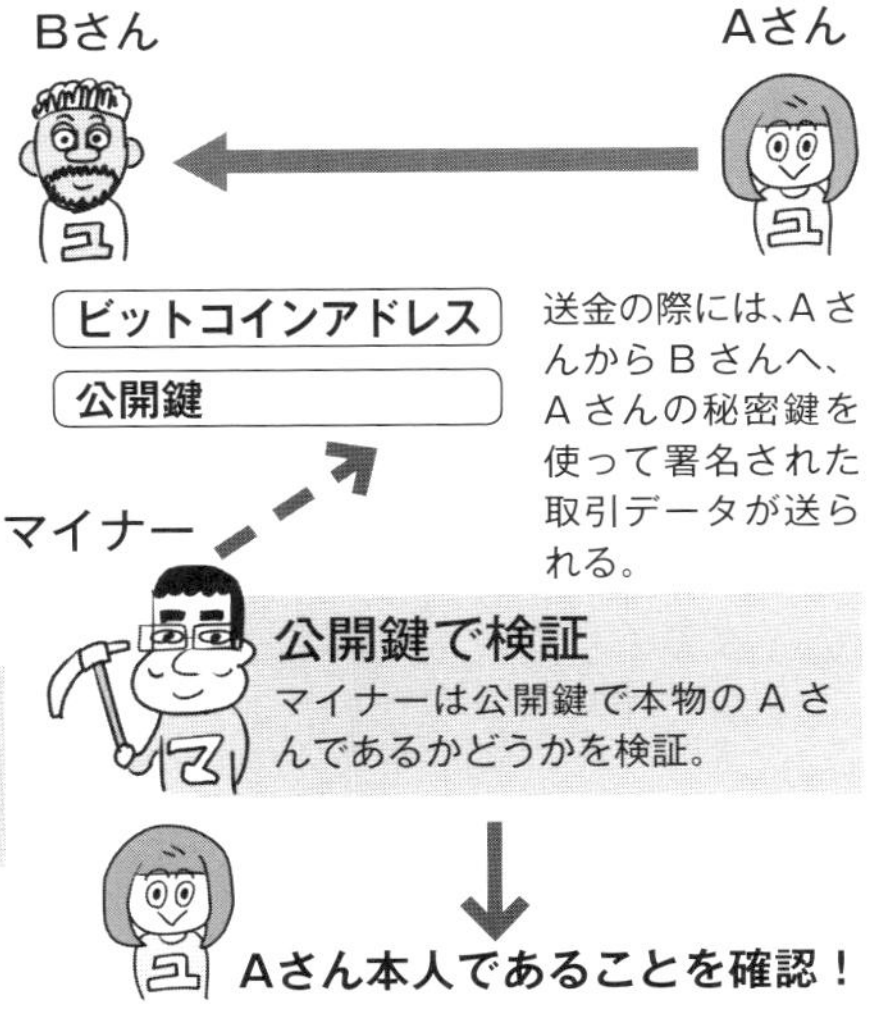

Bさん
Aさん
ビットコインアドレス
公開鍵
送金の際には、Aさんから Bさんへ、Aさんの秘密鍵を使って署名された取引データが送られる。
マイナー
公開鍵で検証
マイナーは公開鍵で本物のAさんであるかどうかを検証。
Aさん本人であることを確認！

❷「二重使用」の検証

マイナーは、送金者が残高を不正に水増しし二重使用していないかどうかを、ブロックチェーンの電子台帳を参照し確認する。

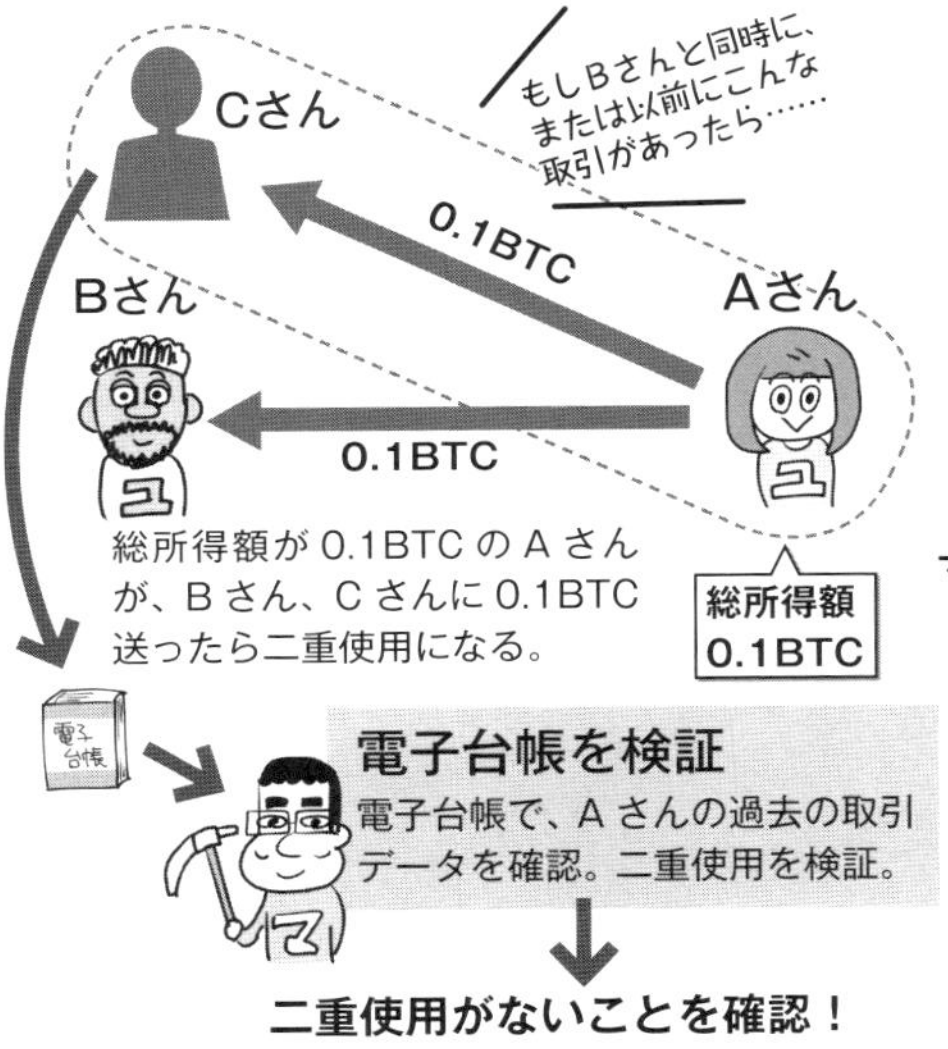

Cさん
もしBさんと同時に、または以前にこんな取引があったら……
0.1BTC
Aさん
Bさん
0.1BTC
総所得額が 0.1BTC の A さんが、B さん、C さんに 0.1BTC 送ったら二重使用になる。
総所得額 0.1BTC
電子台帳
電子台帳を検証
電子台帳で、A さんの過去の取引データを確認。二重使用を検証。
二重使用がないことを確認！

のAさんであることを確認します。

「二重使用」とは、残高が不足しているのに水増しして使用すること。これは、電子台帳により検証することができます。ブロックチェーンでは、過去から現在まですべての取引が公開されているので、残高を改ざんして二重使用しても、さかのぼって台帳を検証すれば、見抜くことができるのです。

手数料を払わないと、検証してもらえないの？

手数料は0円から。取引所で設定された額の中から自分で選択。マイナーは高いものから選んで検証するため、高いほど早く承認されます。

0円でも承認されますが、5～6日かかることも。

●マイニングの内容② ブロック接続のためのナンスの探索（プルーフオブワーク）

前のブロックに新規ブロックをつなぐ。総当たり計算によりナンスを探す

取引を格納したブロックを直前のブロックにつなぐには「ナンスの発見」が必要です。ナンスを見つけると、発見したマイナーがブロックを接続。成功したマイナーは報酬を得ます。これがプルーフオブワークというしくみです。

ここで使われるのは、どんなデータでも固定長の英数字に置き換えられる「ハッシュ関数」。ビットコインでは、SHA-256という関数が使われています。

この関数では、入力値が一文字

ハッシュ関数が使われた計算を解く

ハッシュ関数SHA-256は一方向関数。出力値から入力値を逆算で推測するのはほぼ不可能、ナンスの解析も困難。

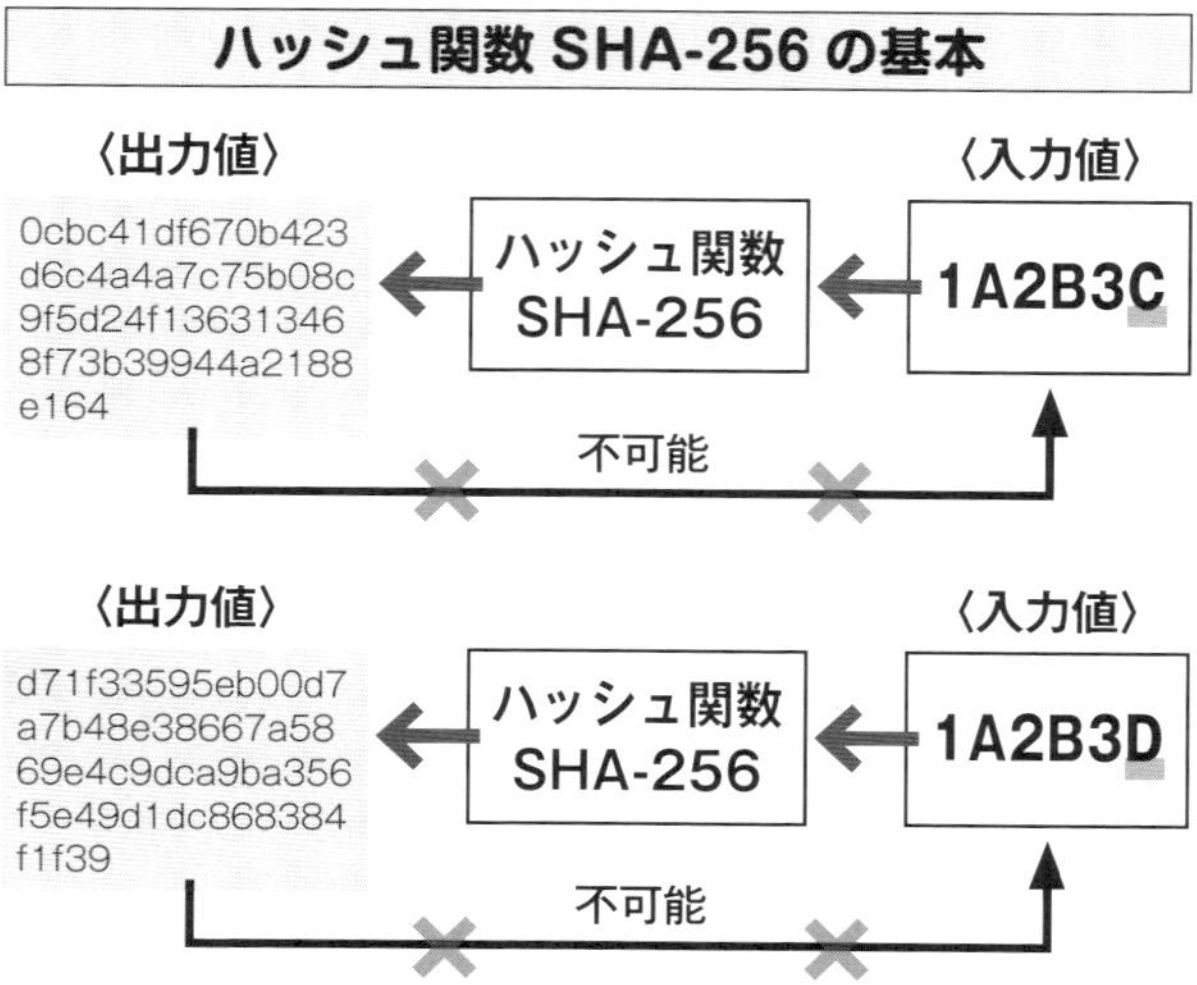

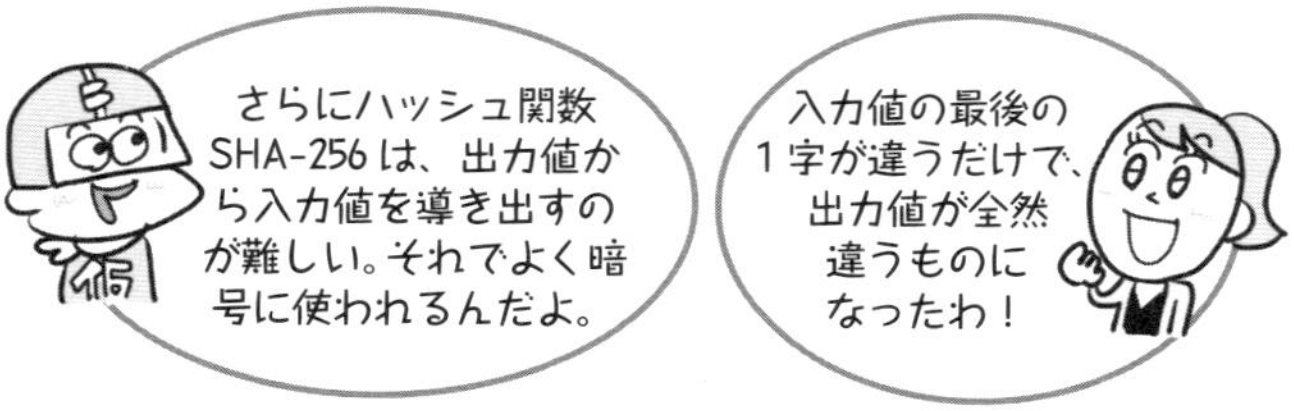

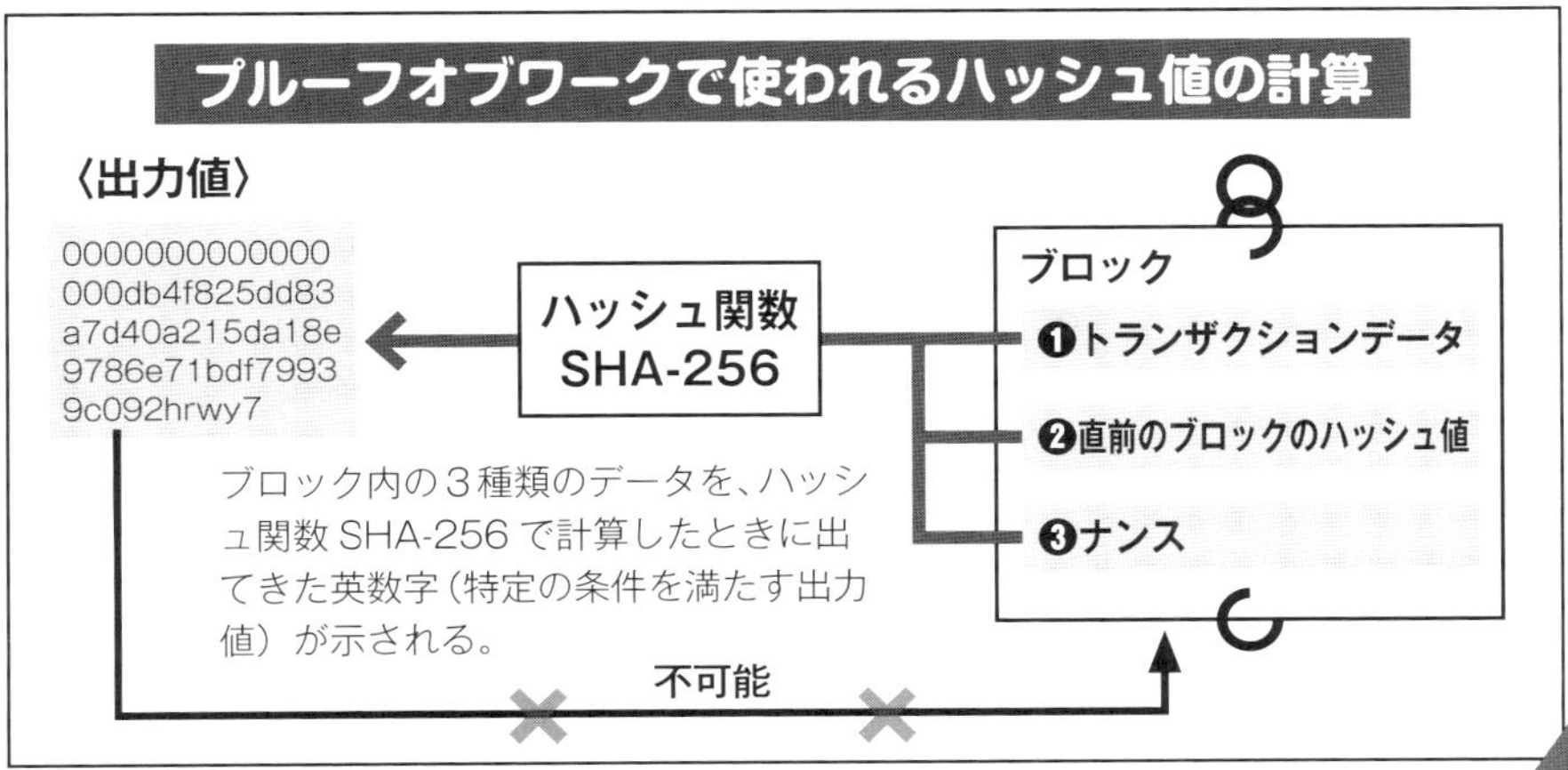

実際のマイニングの現場では……

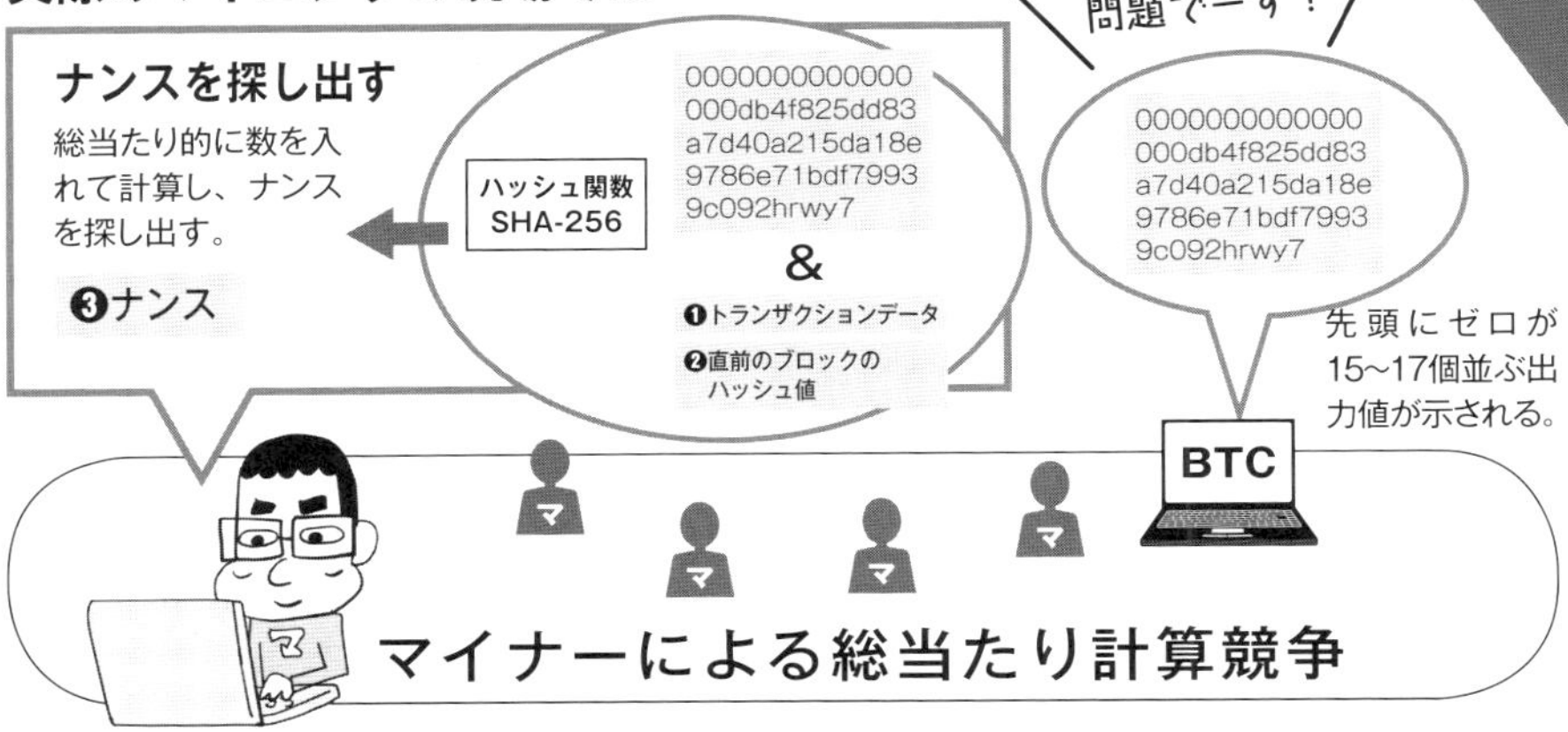

でも違えば、出力の文字列はまったく異なります。出力値から入力値を推測することはできません。一方で、出力値が正しいかどうかの検証は簡単です。

●1から順に数字を打ち込む

ビットコインでは「先頭に0が15～17個並ぶ出力値であること」などの条件が出され、マイナーは、それを満たす出力値となるようなナンスを探します。これは計算式で算出できず、1から順番に数字を打ち込んで探すしかありません。作業には膨大な容量のコンピューターが必要で、当初は個人で行われていましたが、現在ではマイナーのグループや企業により行われています（P64）。

他のマイナーがナンスを検証、承認。6回承認されると、取引は安全とされる

ナンスの発見に成功したマイナーは、ビットコインの維持管理ネットワークに「ナンスを見つけたこと」「ブロックをつなげたこと」「報酬を受け取ること」の3つを通知します。通知を受けた他のマイナー（ノード）は、ナンスを検証・承認します。

ハッシュ関数SHA-256の場合、出力値が正しいかどうかの検証は簡単です。いったん発見されれば、見つかったナンスを入れるだけですぐに検証できます。

マイナー同士の通知＆検証内容

マイナーがナンスを見つけた際、3つの内容を通知。他のマイナーはブロックに不備がないかを検証・承認する。

通知内容

❶ ナンスを見つけた

❷ 作業中のブロックをつなぎ、電子台帳を更新

❸ 自分がマイニングの報酬を受け取る

ナンスを見つけたぞー!!
5878
ハーイ!

今回最初にナンスを見つけたマイナーXさん

検証中…

他のマイナー（ノード）

検証内容

❶ ナンスが正しいかどうか検証

❷ 追加するブロックに間違いがないか検証

❸ 直前のブロックのハッシュ値の正しさを検証

シックスコンファメーション（6回承認）でより安全

「承認1」のブロックのあとに5つブロックが連なると安全。1回の承認には約10分かかり、約60分で「承認6」となり、二重使用による取引の無効化は不可能といわれる。

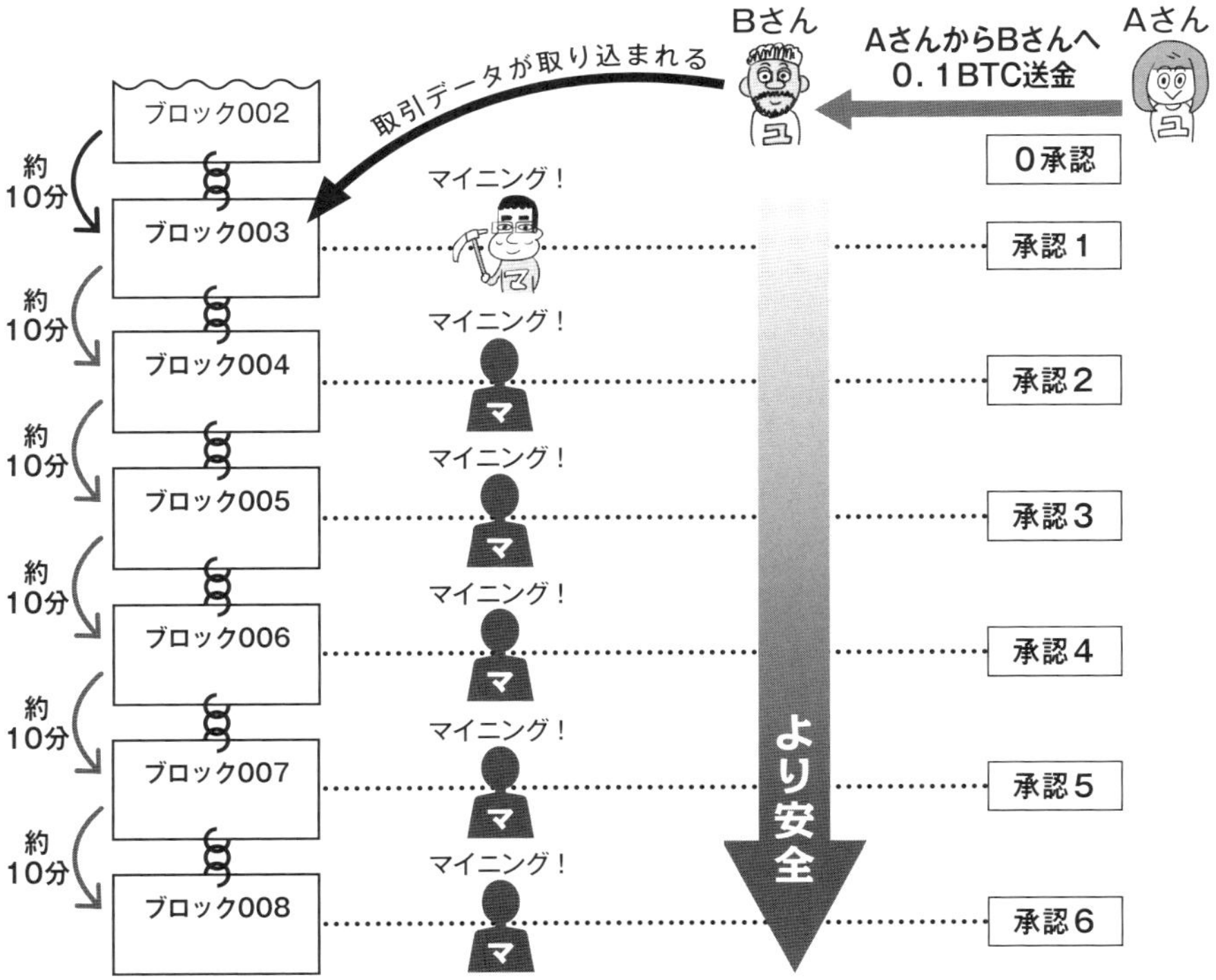

●全6ブロックで安全

取引直後は、0承認、つまり「未承認」の状態で、電子台帳にも記載されていません。ブロックに格納されて前のブロックにつながると「承認1」となります。さらにブロックがつながると「承認2」。

ただし、未承認の間に二重使用されている恐れもあり、取引確定とはいえません。「シックスコンファメーション」といって、6回承認されると安全とされます。

というのは、ブロックチェーンには必ず前のブロックのハッシュ値が含まれるため、長いほど改ざんは困難。「承認6」になれば、後ろに5つのブロックが連なることになり、安全と考えられるのです。

承認されたら、報酬となる新規発行コインをマイナー自身に送る書き込みをして、作業終了

コインベースには２つの意味がある

ナンスを探したマイナーが自身の取引データを書き込む。
この取引データはビットコインの生成と、所有の意味を含む。

自分に
対する取引データ
を書き込む
ユーザーの取引（トランザクション）データとともにブロックに格納する。
最初にナンスを
見つけた
マイナーXさん
新規発行コインをマイナーＸに送金
❷
「このブロック
を作ったマイナー
が新たなビットコ
インを所有した」
❶
「新しいビット
コインが生まれた」

ナンスを発見したマイナーの最後の仕事は、自分が報酬として受け取る新規発行コインの取引「コインベース」を書き込むこと。ナンス発見と同時にこの情報を書き込めば、ブロックは完成。作業が完了することになります。

書き込みには「ビットコインが新規発行されたこと」「このブロックを作ったマイナーが、そのビットコインを所有したこと」という２つの意味があります。

マイナーの報酬は、取引手数料

半減期を迎えても希少性で報酬の価値は上昇

ビットコインは２１４０年で発行上限の 2100 万 BTC に到達予定。半減期で発行量が半額になっても、希少性から価値は上がっていくと考えられている。

半減期までの期間	新規発行コイン／報酬額（BTC）	円換算（最高値時）
2009～2012年（11月）	50BTC	7万4,450円（1,489円／BTC）
2012～2016年（7月）	25BTC	319万5,000円（12万7,800円／BTC）
2016年～	12.5BTC	1,657万9,512円（132万6,361円／BTC）
2140年以降	0BTC	0円

ビットコインが
発行し終わったら
報酬はどうなるの？
今のところ、取引手数
料だけで回していく
と予測されているよ。

※最高値は「Bitcoin 日本語情報サイト」https://jpbitcoin.com/ 参照（2016年～は2017年12月4日現在）

と新規発行コイン。新規発行コインは約4年ごとに半減されますが、発行量が減ればコインの希少性が上がり、市場価値は上がると考えられ、マイナーのモチベーションは落ちないとされています。

●新規発行終了後の報酬は？

2140年にはビットコインの新規発行は終了。その後マイナーの報酬は手数料だけになります。100年以上も先の話ですが、その後、ビットコインがどうなるのかは誰にもわかりません。

今後、報酬額が減少した場合、マイナーの動向に影響を与える可能性も大きく、将来的には、コア開発者やマイナーの話し合いで方針が変わることも考えられます。

約10分で承認できるように コンピューターで難易度が自動調整される

難易度調整はプログラミングされている

サトシ・ナカモトは、ナンスの発見の難易度（ディフィカルティ）を調整し、約10分で完了するようプログラミング。

ブロックは、約10分で承認されるよう設定されています。これは、システムが安定的に機能するのに最適な時間とされます。

ただし、取引量に対してマイナーが多ければマイニング時間は速まり、少なければ遅くなります。高性能コンピューターが出現すれば演算スピードはアップします。

実は、これもすべてサトシ・ナカモトの想定内。コンピューターは作業量やマイナーの数を計算して2週間に1回、難易度（ディフ

マイナーはディフィカルティを予測し参加を決める

マイナーは、難易度を見ながら、電気代などのマイニング費用と新規発行コインを比較することで、利益を見込める時だけ参加できる。

〈特定の条件を満たす出力値〉

高 ↑ 難易度 ↓ 低

000000000000000000000000000000000db4f825dd83a7d40a215da18e9786e71b
000000000000000000000000000db4f825dd83a7d40a215da18e9786e71bdf7993
0000000000000000000000db4f825dd83a7d40a215da18e9786e71bdf79939c092
00000000000000000db4f825dd83a7d40a215da18e9786e71bdf79939c092hrwy7
000000000000db4f825dd83a7d40a215da18e9786e71bdf79939c092hrwy786e7
000000db4f825dd83a7d40a215da18e9786e71bdf79939c092hrwy7786e71bd78
0db4f825dd83a7d40a215da18e9786e71bdf79939c092hrwy7786e71bd786e71b

0が多いほうが難易度が高く、少ないほうが低い。

マイナーはディフィカルティを予測し、報酬額とコンピューターの設備投資や電気代とを比較。参加するかどうか考える。

イカルティ）を調整。プルーフオブワークを約10分に維持します。

●0の数で難易度がわかる

難易度は特定の条件を満たす出力値の頭に、0が何個連続するかを示す「ターゲット」で左右されます。マイナーは難易度を見ながら参加するかどうかを決めます。

もっと効率よく取引できる新たな方法ってないの？

今、開発中のライトニングネットワークは、ブロックチェーンの外（オフチェーン）で、承認なしでも決済可能なシステムです。

少額支払を高速で効率よくできる新たなしくみとして、注目されています 。

自分のパソコンを稼動させる方法とマイニングプールに投資する方法がある

ソロマイニングとプールマイニング

個人で行うソロマイニングから、グループ参加型のプールマイニングへとマイニングは変化している。

昔

ソロマイニング

専用ソフトをインストールし、個人のパソコンを使ってマイニングを行う。難易度と自分のパソコンの性能、電気代を見ながらマイニングをする。

しくみを理解できるプロ向き

コンピューターのプログラミングがきちんと理解できる人向き。初心者には難しい。

ビットコインのマイニングでは儲けがでない

ビットコインのマイニング競争が激しくなり、現在は一般的なパソコンはもちろん、マイニング専用パソコンを使っても割に合わない。

アルトコインでは可能性がある

ビットコイン以外の仮想通貨・アルトコインならソロマイニングでも稼げる可能性はある。

ビットコインが生まれた当初、マイニングは「ソロマイニング」といって、個人で行われていましたが、マイナーが増えるにつれ、その形は変わってきました。

そもそもマイニングは大量の計算に必要な数字を総当たり的に入れていく作業。大規模高性能コンピューターが必須です。現在ではASIC《エーシック》機というマイニング専用マシンを大量に使って行われるのが普通です。台数が多いほど有利で、電力もかかります。一台のコ

今 プールマイニング

ビットコインのマイニング集団（組織や企業）に参加し、マイニングを行う。自分のパソコンを稼動させる方法と、権利を購入して報酬を得る方法とがある。

採掘権を買う（クラウドマイニング）

気に入ったビットコインのマイニングプールに参加し、採掘権を購入。自分のパソコンは使わず、マイニングファームに投資するイメージ。成功したら採掘報酬がもらえる。

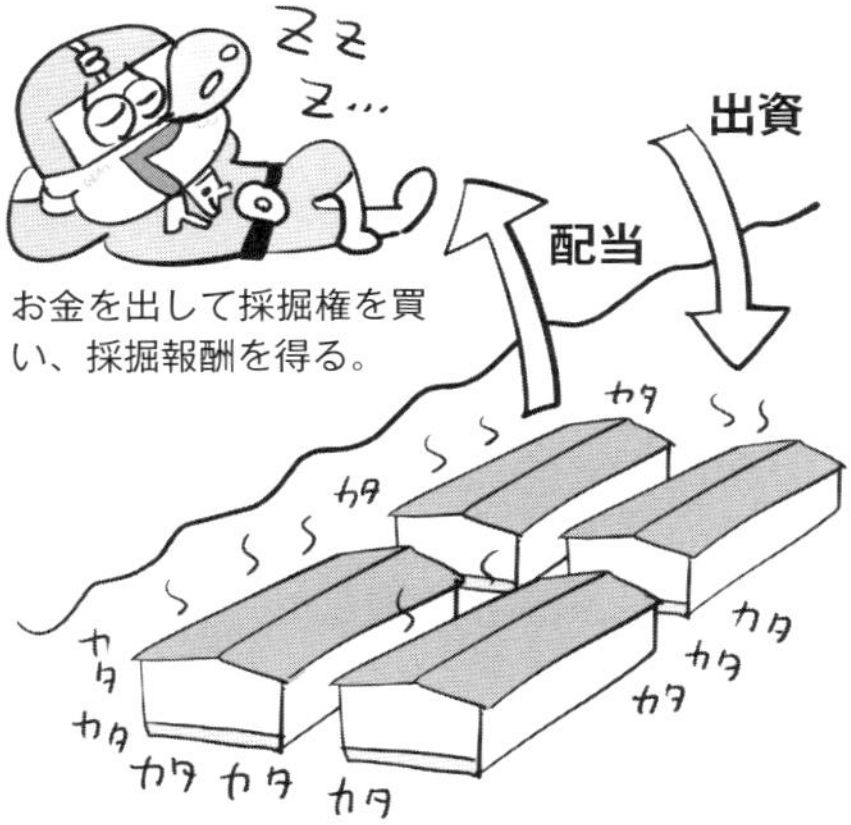

お金を出して採掘権を買い、採掘報酬を得る。

マイニングファーム

マイニングを行う大規模施設。電気代の安い中国や北欧などに作られる。

自分のパソコンで採掘

ビットコインのマイニング集団（組織や企業）に参加し、マイニングを行う。自分のパソコンを稼動させる方法と、権利を購入して報酬を得る方法とがある。

マイニングプール

マイニング専用の高性能マシンを使う。複数台の連携パワーで採掘が可能になる。

ンピューターでは太刀打ちできません。

●プールマイニングが主流

このため、現在主流となっているのが「プールマイニング」。これは、マイナーが「マイニングプール」という、採掘をするために集まったグループに参加、協力してマイニングを行うシステムです。誰かが採掘に成功すれば、報酬はグループ内でシェアされます。

プールマイニングには、自分のパソコンで参加する方法と、クラウドマイニングといって、採掘権を買う方法があります。

採掘が世界規模となった今、プールマイニングで参加するのが、現実的なところでしょう。

●マイニングプール

マイニング市場は10のマイニングプールが全体の8割近くを占める

マイニングプールの市場シェア

ビットコインのマイニングプールは10社が全体の約8割のシェアを占め、その半数以上が中国勢である。

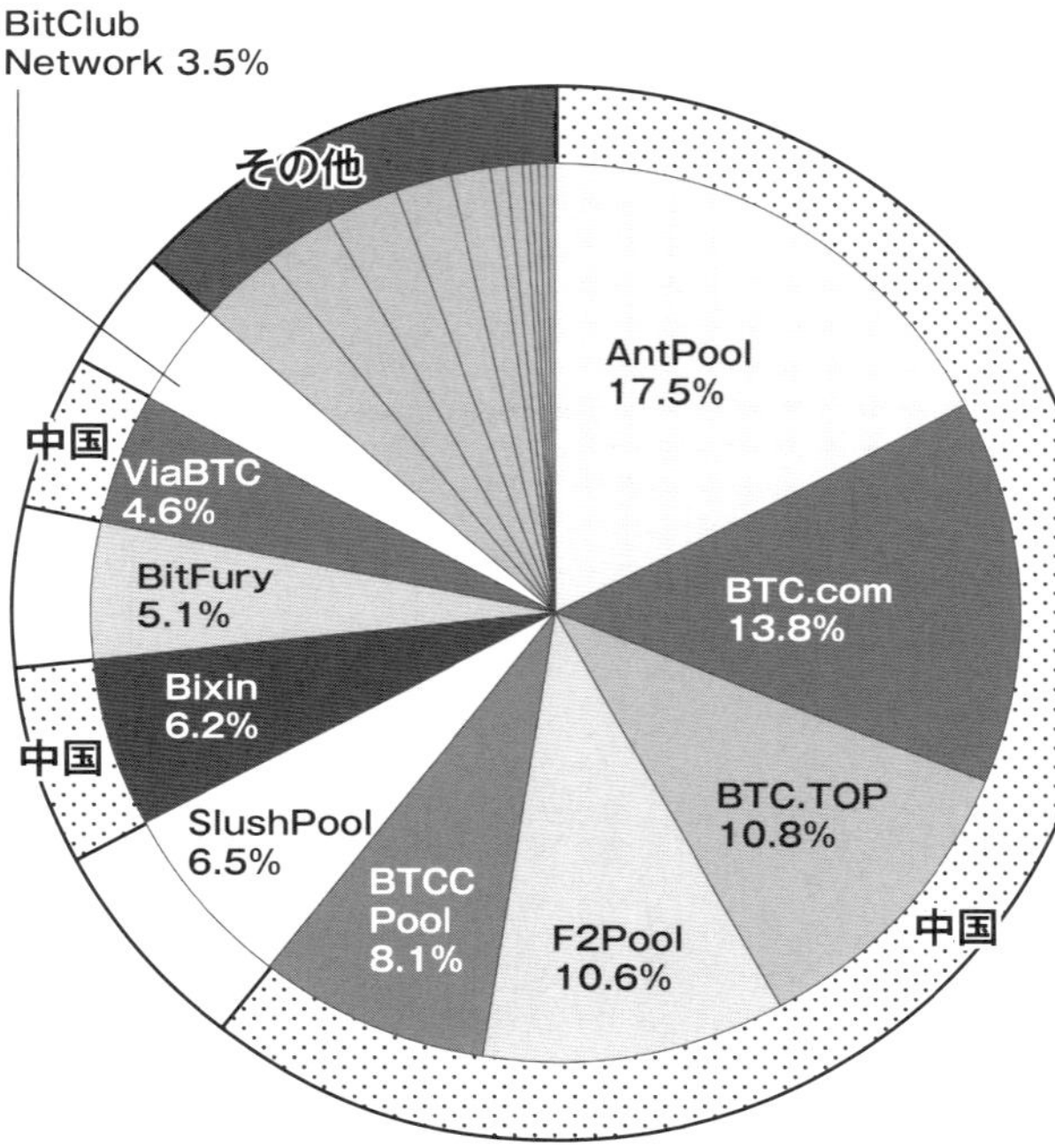

出典：「英ブロックチェーン社」https://blockchain.info/pools?timespan
（2017年9月26日現在）

マイニングはビットコインのしくみの重要な基盤ですが、ASIC機という専用マシンでないと採掘は不可能。マイナーは、巨大なマイニングプールで、共同採掘をしています。上位10社のマイニングプールが全体の約8割のシェアを占め、半分以上が中国勢です。

マイニングプールにはマイニングファームという組織も参加しています。ファームとは、ASIC機を何千台も並べた「工場」。初期投資に最低でも数十億円以上かか

66

マイニング設備を安価に維持できる環境が必要

マイニングの設備を整えた大規模施設・マイニングファームには、電気代と土地代を安く抑えられる場所が必要。中国山間部や北欧に多い。

巨大工場を設置できる
大量のマイニング専用マシンとコンピューターを配備した巨大工場をいくつも設置できるだけの安価な土地が必要になる。

大量の電力が供給できる
24時間365日コンピューターを稼動させ、マイニングをし続けるために、安価に電力を供給できなければならない。

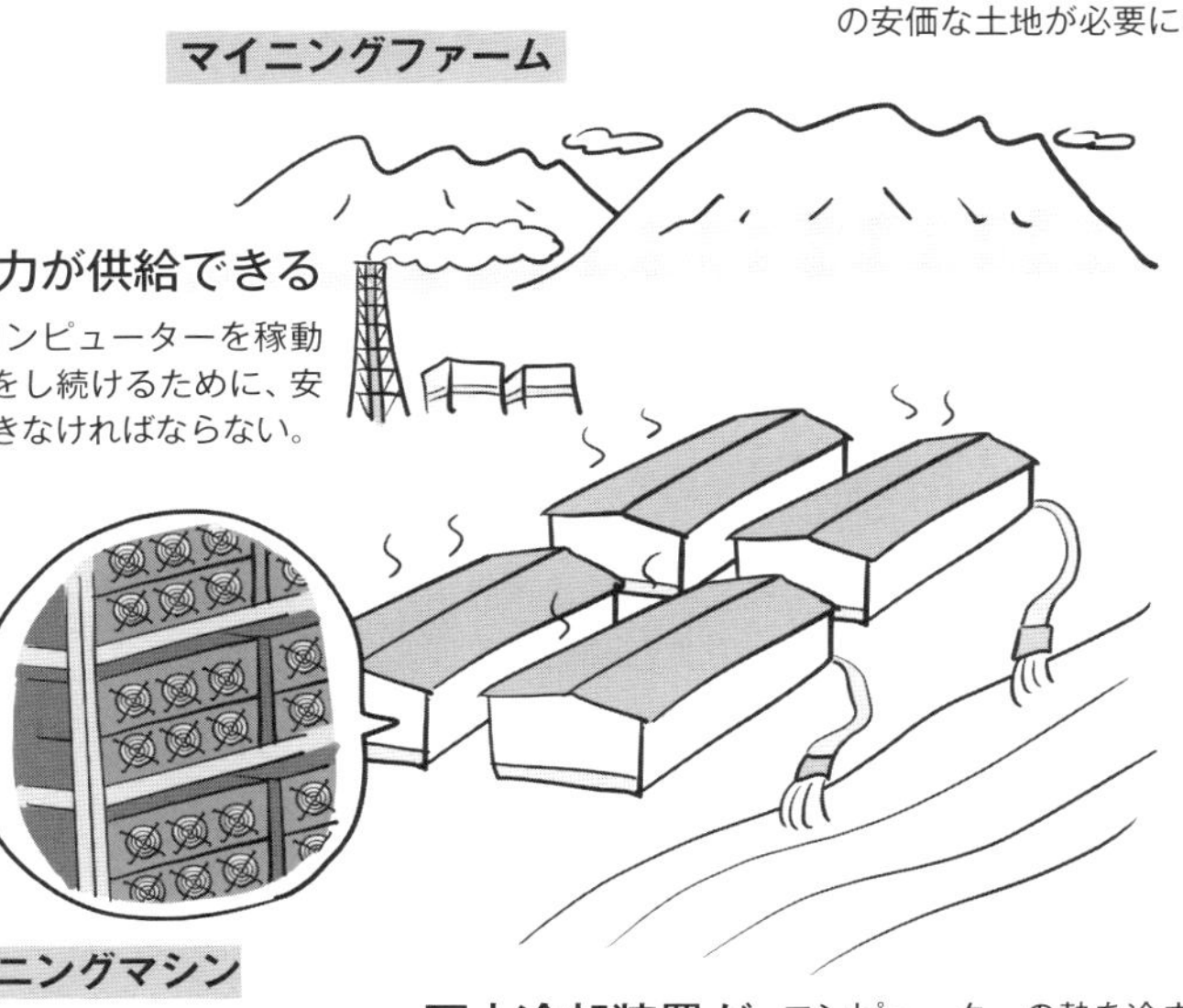

巨大冷却装置が設置できる
コンピューターの熱を冷ます冷却装置の設置が必要。寒冷地や運河のそばなどが適している。

るとされ、土地・電力の安い北欧や中国の山間部にあります。

マイナーはシェア分のブロック生成権を持ち、コア開発者同様、運営ルールへの発言力を持ちます。ただし、マイニングプールが独占状態になれば、51％攻撃といって、分散型のビットコインのしくみに問題が生じ、信頼性が低下することも懸念されます（P68）。

日本にマイニングプールはないの？

日本でもＳＢＩホールディングスやGMOインターネットなどがマイニングに本格参入する予定。〝日の丸マイナー〟を育て、ルール変更など仮想通貨の運営に対する発言権を獲得する狙いがあるようです。

●マイニングの問題点（51%攻撃）

悪意のあるマイナーが過半数以上を占めると不正が起こる不安がある

51%の計算量で何が起こせる？

悪意のあるマイナーがマイニングの計算量の51%を支配すると不正な取引が認められる危険がある。

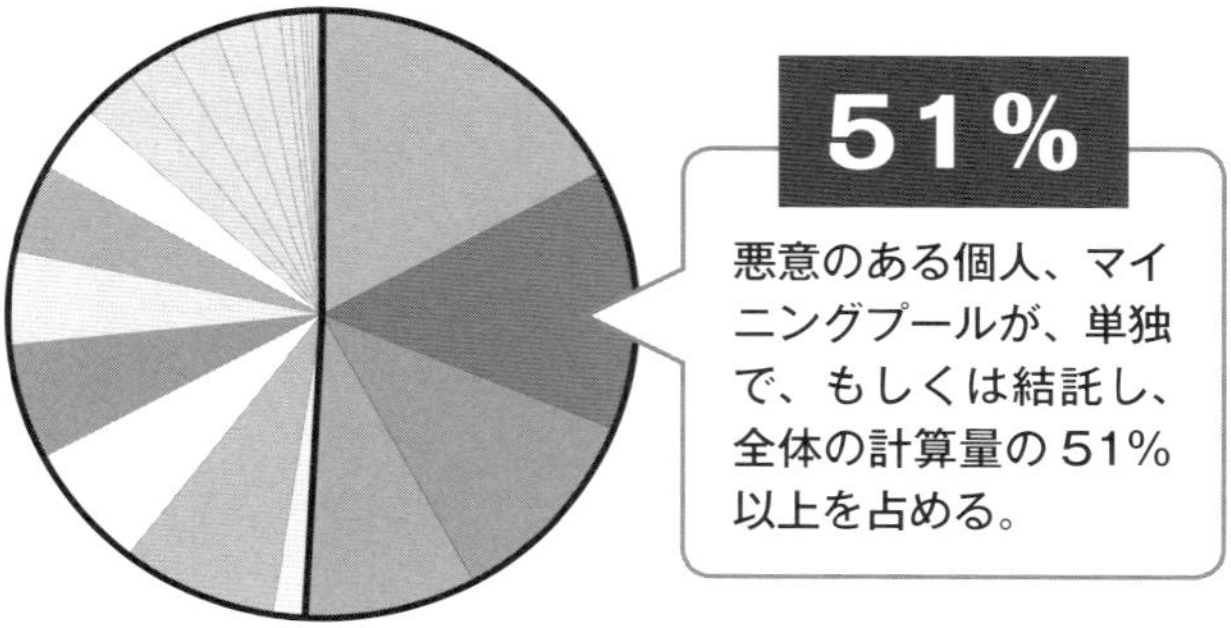
51%
悪意のある個人、マイニングプールが、単独で、もしくは結託し、全体の計算量の51%以上を占める。

1 不正なブロックを正当化し、承認する

2 正当なブロックを拒否して、承認しない

3 マイニングを独占してしまう

マイニングの大きな問題点のひとつが、51%攻撃です。悪意のある個人やマイニングプールが採掘速度（計算量）の51%を支配して、ネットワークを思いのままに操作してしまうこと。不正な取引を認め、正当な取引を拒否するなど、大混乱になる恐れもありますが、今のところ、対処法はありません。

ただし、51%攻撃が発生すると、ビットコインに対する信頼が損なわれ、コインの価値は下落します。過去には、あるマイニング

51%攻撃で正当なブロックが捨てられる

51%攻撃では、不正なブロックを作り（わざと分岐を起こし）、正当なブロックを拒否する。ただ、ビットコインの価値自体が落ちてしまう。

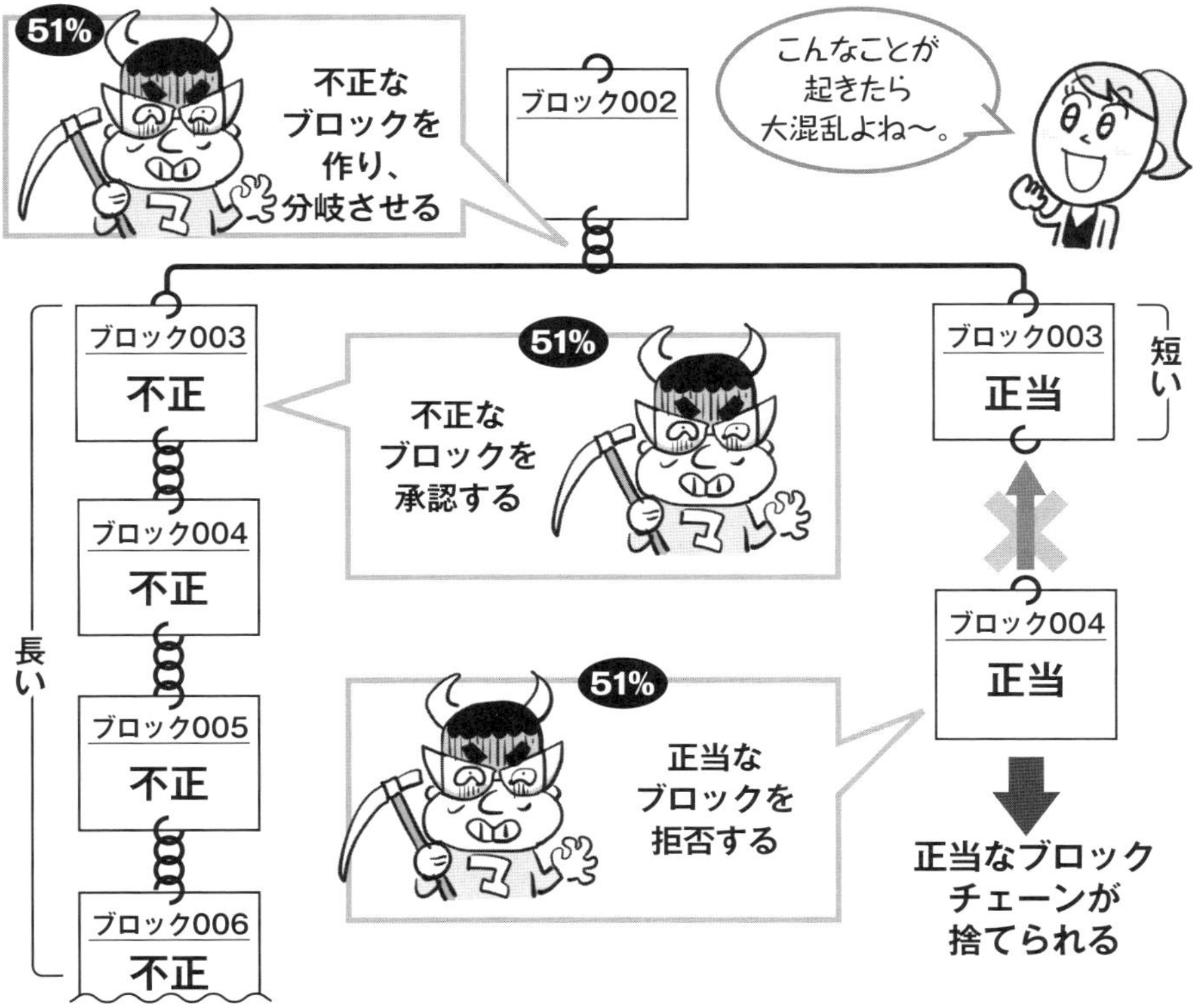
51%
不正なブロックを作り、分岐させる
ブロック002
こんなことが起きたら大混乱よね〜。
ブロック003
不正
51%
不正なブロックを承認する
ブロック003
正当
短い
ブロック004
不正
長い
ブロック005
不正
ブロック006
不正
ブロック004
正当
51%
正当なブロックを拒否する
正当なブロックチェーンが捨てられる

結局ビットコインの価値が下がるから攻撃する側にメリットはないと考えられているんだ。

プールの採掘速度が50%を超えそうになり、51%攻撃が懸念されて値下がりしたこともあります。

しかし、それだけの計算力を有する攻撃者がいた場合、善意のマイナーとして参加したほうが得なため、実際には51%攻撃は起こらないだろうと考えられています。

その問題は、マイナーがコア開発者同様、ビットコイン運営に大きな権限を持つことを浮彫りにしているともいえるでしょう。

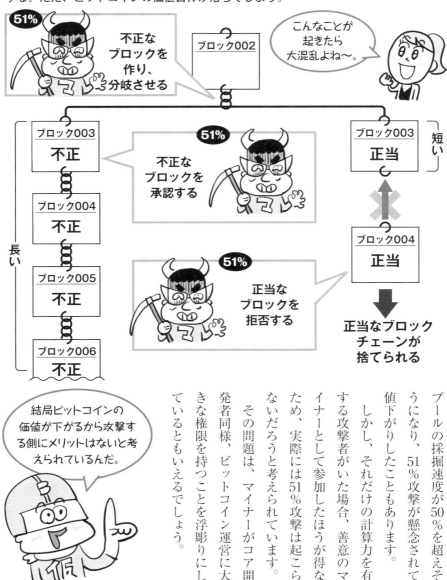

わかったかな!?
PART2を30秒で理解する

- 取引にはSHA-256という暗号的ハッシュ関数が使われる。

- ユーザーの取引を検証し、ビットコインの電子台帳であるブロックチェーンに書き込み、更新する作業全体をマイニングと呼ぶ。

- マイニングはビットコインネットワーク内の維持管理ネットワーク上で作業に当たるマイナーたちの競争である。

- マイニングには、取引（トランザクション）の検証、ブロック接続のためのナンスの探索（プルーフオブワーク）、ブロック承認、コインベースという４つの作業がある。

- 取引データを書き込んだブロックを直前のブロックにつなぐために膨大な計算を行い、ナンスを探し、公開で検証するしくみをプルーフオブワークと呼ぶ。

- ナンスの探索には、ディフィカルティ（難易度）を調整することにより、つねに約10分かかるように設定されている。

- ナンスを発見したマイナーは、他のマイナーに通知。他のマイナーがナンスの正しさを検証する。

- ナンスの正しさが検証され、「承認６」までのブロックがつながると、その取引は安全と見なされされる。

- ナンスを発見したマイナーは、マイニングを成功させた報酬として、ユーザーからの取引手数料と新規発行コインを得られる。

- ユーザー当人以外の第三者であるマイナーが加わり、一連の複雑な作業を行うことで、不正やデータ改ざんが起こりにくい。

PART3

どこで保管し、どこで現金と交換する?

仮想通貨取引所に取引口座を開き、
円やドルと独自のレートで両替する。
ビットコインはウォレット機能を使って管理すれば、
日常生活で、送金、決済、投資、寄付などができる。

仮想通貨取引所を通じて、投資以外に決済や寄付など自由自在

私もビットコインを使ってみたい！　投資以外に使い道はある？　ビットコイン決済とクレジットカード決済は、どう違うの？

今はまだ、投資目的の人のほうが多いけど、最近はお寿司屋さんやカフェ、家電量販店でも、支払に使える店が増えてきたよ。ユーザーは決済時にスマホアプリをかざすだけだから、クレジットや電子マネーなどとの**決済方法の違い**は、あまり感じないかもしれないね。

店側は、クレジットカードに比べると大幅に手数料が安くなるから、メリットが大きい。利用店舗はこれからも増えていくと考えられているんだ。

それから、インターネット上で資金調達するクラウドファンディングや少額の寄付は、銀行だと送金手数料のほうが高くなってしまう。一方、ビットコインは手数料がほとんどかからないから、たとえ１００円でも無駄なく寄付できる。しかも現物通貨ではなくデータのやり取りだから、１円という法定通貨の単位に縛られない、細かな取引ができる利点もある。

・決済方法の違い

	クレジットカード	ビットコイン
	クレジットカード会社と契約。月単位で銀行口座から引き落とされる。	仮想通貨取引所に口座を開き、仮想通貨を購入。
	・決済受付側（店舗など）がクレジット会社に２～10％手数料を支払う。 ・分割払いができる。	・取引承認のための取引手数料、決済代行会社への手数料（約１％）が必要。 ・決済時のレートが適用。 ・１回払いのみ。

とりあえず仮想通貨取引所に口座を開設してみたいな。手間がかかるのかしら？

オンラインで登録できる。運転免許証などの身分証明書の画像をアップロードするんだ。大事なのはよい仮想通貨取引所を選ぶこと。

仮想通貨取引所のよしあしって、どこで見極めるの？

日本では2017年4月の**改正資金決済法**により、事業者は金融庁への登録が義務付けられ、小規模事業者が排除されるとともに、登録業者は定期的に監査を受けることになった。さらに登録業者は、利用者保護のため、認定資金決済事業者協会への参加も義務付けられている。だから、金融庁に登録されているかどうかは、ひとつの目安になるね。

だけど仮想通貨は、基本的に自己責任。オンラインではメールアドレスやパスワードの漏えい、なりすましによる盗難などのリスクがある。セキュリティのしっかりした仮想通貨取引所を見つけることが大前提だ。

ほとんどの仮想通貨取引所は、パソコンとスマホなどとの二段階認証を導入し、不正防止に努めている。メールアドレスとパスワードだけでは盗難されるリスクが高い。ユーザーは二段階認証を設定することが大事だよ。

電子マネー（プリペイド型）	デビットカード	
現金を必要なぶんカードやスマホにチャージして使用する。	銀行口座と紐付けられており、その都度口座から引き落とされる。	
・手数料は不要。 ・チャージぶんが利用上限。 ・１回払いのみ。 ・キャッシュバックやポイント付与がある。	・手数料は不要。 ・即時引き落とし。 ・口座残高が利用上限。 ・１回払いのみ。	

・**改正資金決済法**…2017年4月に施行され、仮想通貨が正式に決済手段として認められるようになった。仮想通貨法とも。おもに左記の4つの項目が導入された。
①登録制の導入
②利用者への情報提供の義務
③利用者財産の分別管理の義務
④本人確認の実施

スマホで仮想通貨取引所に登録。本人確認書類を郵送で受け取る

オンライン上で簡単に登録できる

仮想通貨取引所のホームページから個人情報を登録し、口座を開設すれば取引を始められる（以下は一例）。

Step 1

仮想通貨取引所にアクセス。アカウントを取得

インターネット上の仮想通貨取引所にアクセスし、メールアドレス、パスワードなどを登録。取引所にログインするための権利（アカウント）を作成。

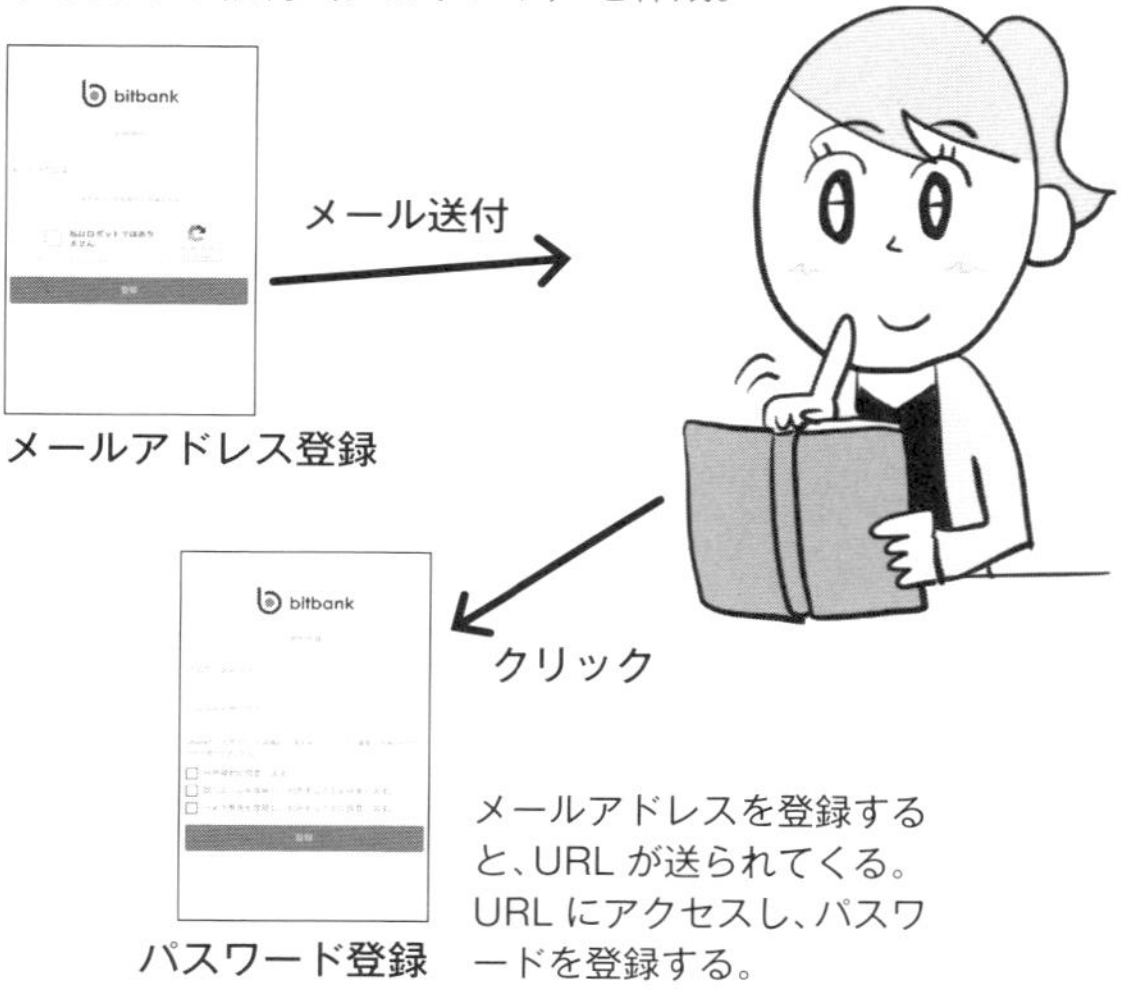
bitbank
メール送付
メールアドレス登録
bitbank
クリック
パスワード登録

メールアドレスを登録すると、URL が送られてくる。URL にアクセスし、パスワードを登録する。

仮想通貨取引所に口座を開く際は、ホームページにアクセスし、メールアドレスを入力します。アカウント作成ボタンを押すと、登録用のURLが送られてくるので、メールアドレスと初回パスワードなどを入力します。

ログインしたらマイページなどから個人情報を登録。登録時に取得したアカウント、メールアドレス、氏名や生年月日、住所などを入力します。運転免許証やパスポートなど顔写真付きの身分証明書

Step 2

マイページで個人情報を登録

マイページなどにアクセスし、住所、電話番号など基本的な個人情報を登録する。

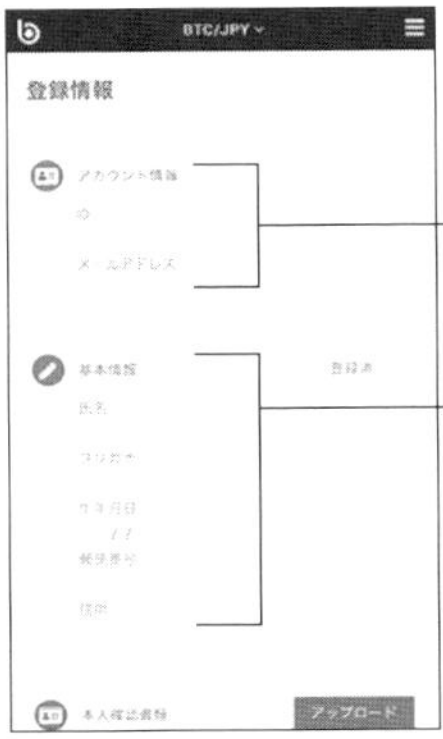

アカウント情報
- ID（登録時に取得）
- メールアドレス

基本情報
- 氏名・フリガナ
- 生年月日
- 郵便番号
- 住所

Step 3

本人確認書類をアップロード

本人確認のための書類をアップロード。氏名部分と住所記載部分、及び写真の入った画像が必要。

有効な本人確認書類
- 運転免許証（表裏の両面）
- パスポート（顔写真と生年月日が記載されているページ、及び所持人［住所記載］のページ）
- 住民基本台帳カード（表裏の両面）
- 在留カード（表裏の両面）　他

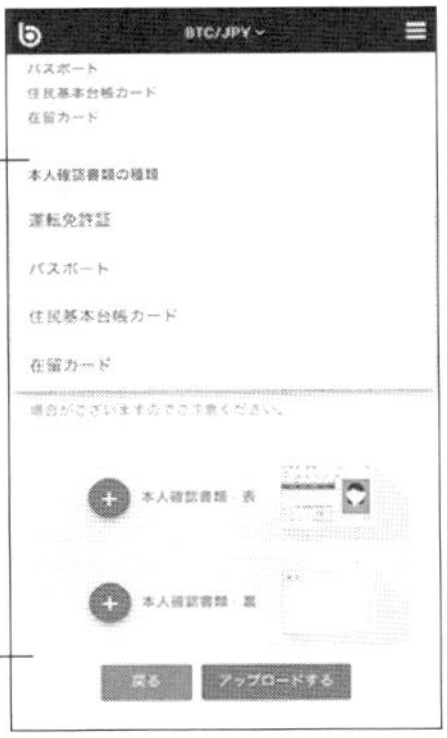

Step 4

本人確認書類を受け取り、手続き終了

本人確認書類の審査完了後、書留にて郵便物が送付される。郵便物を受け取ると、本人確認が終了し、取引を開始できる。

をアップロード。登録した住所氏名が、身分証明書のものと一致していることを確認してください。

●銀行口座と連携して入出金

後日、簡易書留で本人確認書類が送られてくるので、受領すれば口座開設は完了。自分の名義の銀行口座を登録して連携すれば、口座から日本円を入金、ビットコインを取引、売却資金を口座に入金することもできます。

フェイスブックなどのアカウントでも登録することはできますが、パスワードの使い回しには要注意。二段階認証も必須です。スマートフォンと連携したメールなどで二段階認証ができるように設定をしてください。

金融庁・財務局の登録を受けた仮想通貨取引所を選ぶ

最低限ここまで確認して登録

仮想通貨取引は自己管理が原則。仮想通貨取引所を選ぶときは、安全性を確認し、慎重を期すこと。

□ **取引する仮想通貨の内容に関する説明を読んだ？**

ビットコインを始め、取引を考えている仮想通貨についての説明をよく確認し、理解してから取引を開始する。

OK!

□ **登録認定を受けている取引所か？**

仮想通貨取引所などの仮想通貨の交換業者が、金融庁・財務局の登録認定を受けているかどうかをチェックする。

仮想通貨交換業者登録一覧
クリック！

ビットコインなどの仮想通貨を日本円で売買できるのが、「仮想通貨取引所」。ただし銀行と違って、あくまで取引仲介の場です。セキュリティは自己管理が原則です。

仮に仮想通貨取引所がハッキングされ、IDやパスワードが流出して盗難にあっても、法的な補償や保護の体制はありません。ユーザーは、仮想通貨取引所の安全性を見極める必要があるのです。

事業者は登録制で、金融庁のウェブサイトから登録業者を確認で

基本は自己責任だよ。
仮想通貨取引所の
ホームページをよく読んで
からスタートして。

法律では
まだ守られていない
ところもいろいろ
あるのね。

□ **二段階認証を登録しているか？**

なりすましによってログインされたときのために二段階認証を登録。仮想通貨の引き出し申請や送付先アドレスの変更リクエストなどが来た場合、本人に確認のメールが届く。

□ **他のパスワードを使い回していないか？**

SNSアカウントなど、他で利用しているメールアドレス、パスワードを流用していると、利用サイトから流出したときに、仮想通貨取引所にも不正にアクセスされる可能性がある。

Facebook
Yahoo!
NG!

□ **取引内容や手数料に関する説明を読んだ？**

取引の内容や手数料、投資する際のリスクなどについてよく確認し、理解してから取引を開始する。

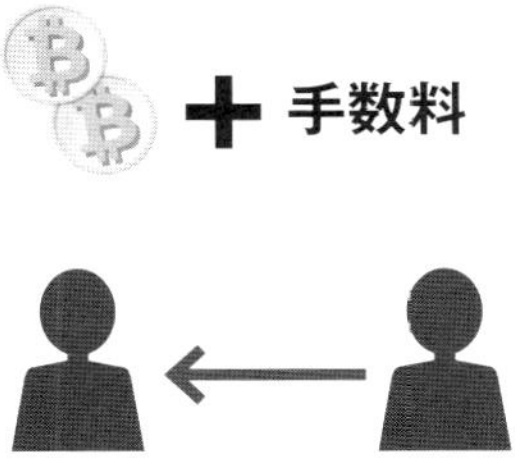
＋ 手数料

きます。また、各事業者にどんな資本が入っているのかをチェックするのも安心材料になります。

仮想通貨はウォレット機能を使い保管しますが、ウェブと切り離して保管する方法があります（P80）。信頼できる仮想通貨取引所を選ぶだけでなく、コインの管理方法にも気を配ることが大切です。

仮想通貨のトラブルって増えているの？

「仮想通貨は必ず値上がりする」と言われたが、払った金が戻らない……。国民生活センターには、2014年度200件弱だった苦情・相談が2016年度600件以上に急増。儲けを保証する勧誘は詐欺だと思い、注意して。

仮想通貨取引所に取引口座を開いたら、入出金、購入・売却、送金・受取ができる

取引口座経由でできる6つのこと

取引口座からは以下の6つのことができる。仮想通貨取引所ごとにルールが違うので、よく確認を。

入金 日本円を指定口座に入金

まず日本円（法定通貨）を仮想通貨取引所の指定口座に入金する。各機関によって入金額に制限がある。

銀行など	指定口座に、銀行経由で振り込む。
提携機関	提携のオンラインバンキングから振り込む。また、クレジットカードで購入。
コンビニ	コンビニから指定口座に振り込む。

出金 日本円を登録銀行口座に出金

ビットコインを日本円に換金、自分の登録銀行口座に出金する。仮想通貨取引所への手数料がかかる。

出金額 ＋ 手数料

出金額に応じて手数料の額が異なる。

日本円を登録銀行口座に出金

取引口座を開くとウォレット（仮想通貨の管理を行える機能）を持つことができます。仮想通貨の種類ごとにウォレットがあり、ビットコインはビットコイン専用ウォレットで取引できます。

取引口座でできることは、おもに6つ。日本円の入出金と、仮想通貨の購入・売却・送金・受取です。仮想通貨取引所のサイトでは、複雑なしくみをわかりやすく表示しているので、コンピュータープログラムなどがわからなくて

送金 ビットコインを相手に送金

相手のビットコインアドレス、もしくはメールアドレスに、ビットコインを送金。送金者は送金手数料を負担する。

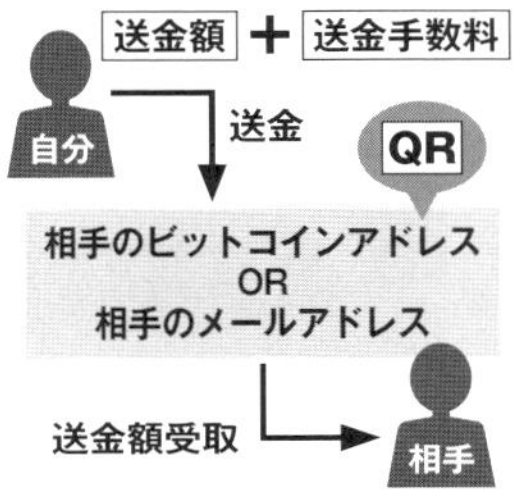

購入 日本円でビットコインを購入

販売所で購入したり、取引所で取引したりして、日本円でビットコインを購入する。

【希望額】
□ BTC
（＝□円）
＋ 手数料

＊販売所では、仮想通貨取引所への販売手数料がかかる。

受取 ビットコインを相手から受け取る

自分のビットコインアドレス、もしくはメールアドレスを相手に知らせ、ビットコインを送金してもらう。

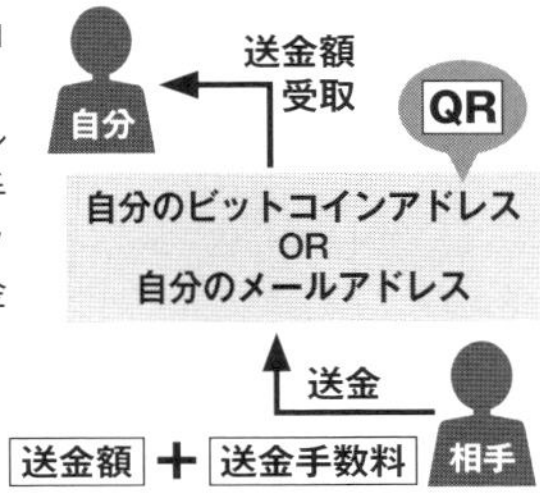

売却 ビットコインを売却し、日本円に換金

ビットコインを売却し日本円に換金する。仮想通貨取引所への取引手数料がかかる（交換所経由の場合、マイナーへの送金手数料がかかる）。

【希望額】
□ BTC
（＝□円）
＋ 手数料

＊販売所では、仮想通貨取引所への手数料がかかる。
＊取引所では、マイナーへの送金手数料がかかる。

も、安心して取引できます。

ビットコインは取引口座に円を入金し、そこから購入。円に換金したければ、売却し取引口座から出金します。「仮想通貨取引所への手数料」や「マイナーに対する手数料」を支払う必要があるため、取引前に説明をよく読み、納得して行うことが大切です。

その他の仮想通貨も同じ取引所で取引できる?

仮想通貨取引所ではビットコイン以外のアルトコイン（P104）も扱っており、仮想通貨取引所により扱うコインはさまざま。口座開設は無料なので、複数の仮想通貨取引所に口座を開き、情報を得ながら取引する方法もあります。

仮想通貨は補償されない。ウォレットの種類を選んで自己管理

登録業者の場合、改正資金決済法により、利用者財産は分別管理が義務付けられています。しかし、取引所が破綻したときに仮想通貨が補償されるわけではありません。ユーザーは、多額の仮想通貨を取引所のウォレットに置いたままにせず、自ら安全なウォレットで保管する必要があります。

　ウォレットは財布のようなものですが、財布は「秘密鍵」で守られています。秘密鍵は、取引に必要なすべての暗号の元。盗難され

秘密鍵を保管するウォレット

現在の法律では仮想通貨自体の補償はない。ウォレットの特徴を吟味し、金額や保管期間に応じて活用を。

	ホットウォレット つねに、もしくは一時的インターネットに接続する。 便利だが安全性は劣る。	
	モバイルウォレット	ウェブウォレット
種類		
使い方	専用アプリをスマートフォンにインストールし、管理する。	仮想通貨取引所のマイページなど、オンライン上で管理する。
メリット	持ち運びができる。すぐに取引できる。	仮想通貨取引所が管理するため、秘密鍵の紛失リスクは少ない。取引の手続きまでスムーズ。
デメリット	スマートフォンの故障やウイルス感染、ハッキングなどで通貨を紛失する危険はある。	仮想通貨取引所のトラブルや、ハッキング、アカウント流出で、通貨を紛失する危険はある。

秘密鍵を使い、
すべての取引が
行われるんだ。
秘密鍵
ウォレットと
秘密鍵はセット
なのよね!

コールドウォレット インターネットから切り離して管理。 安全性は高いが、取引時にインターネットにつなぐ手間がかかる。		
ペーパーウォレット	ハードウェアウォレット	デスクトップウォレット

秘密鍵とビットコインアドレを紙に印刷し、保管しておく。	専用端末をUSBで接続して秘密鍵を管理。TREZOR(トレザー)、Ledger(レジャー)などがメジャー。	専用のソフトウェアをインストールし、秘密鍵を管理。ただしインターネット接続時は、ホットウォレットと同じ。
きちんと管理すればもっとも安全。	インターネットにつながっていないため、安全性が高い。	常時、インターネットに接続されていないぶん、安全性が高い。
紙の劣化や、紙そのものを紛失してしまう恐れがある。	端末機の故障などで通貨を紛失する危険がある。	パソコンの故障やウイルス感染、ハッキングなどで通貨を紛失する危険がある。

れば、ウォレットの中身はすべて盗まれてしまいます。つまり、ビットコインを守るということは、秘密鍵をいかに安全な場所に保管するかということなのです。

●長所・短所を見極めて利用

ウォレットには、インターネットに接続しているホットウォレットと、切り離して保管するコールドウォレットがあります。

ホットウォレットは便利ですが、たえずハッキングの脅威にさらされます。コールドウォレットは、ハッキングのリスクは回避できますが、破損や紛失の危険や接続の手間があります。特徴をよく知り、自分に適したウォレットを選びましょう。

仮想通貨取引所内のビットコイン販売所・取引所で購入する

ビットコイン販売所・取引所の違い

ビットコイン販売所では、販売所とユーザー間で取引が行われる。取引所はユーザー間で取引が行われる。

ビットコイン販売所
ビットコイン販売所が保有しているビットコインを、ユーザーに販売する。
0.1BTCは
○×円です!
仮想通貨
取引所
取
法定通貨
取引所取引より割高になりがち
取引所取引より、販売手数料がかかり割高になることもある。
0.1BTC
ほしいわ!
ビットコイン
買いの量を指定できる
いつでも欲しい量のビットコインを法定通貨で購入できる。
初心者向き

ビットコインの売買は、インターネット上の販売所または取引所（交換所）で行います。独立した販売所や取引所が存在するほか、仮想通貨取引所内に設けられた販売所もあり、形態はさまざま。

手軽なのは、販売所。ビットコインの価格が提示されています。希望数量を入力し、クレジットカードや銀行からの送金で支払をすれば、指定したアドレスにビットコインが送られます。売却時も希望数量を売ることができます。

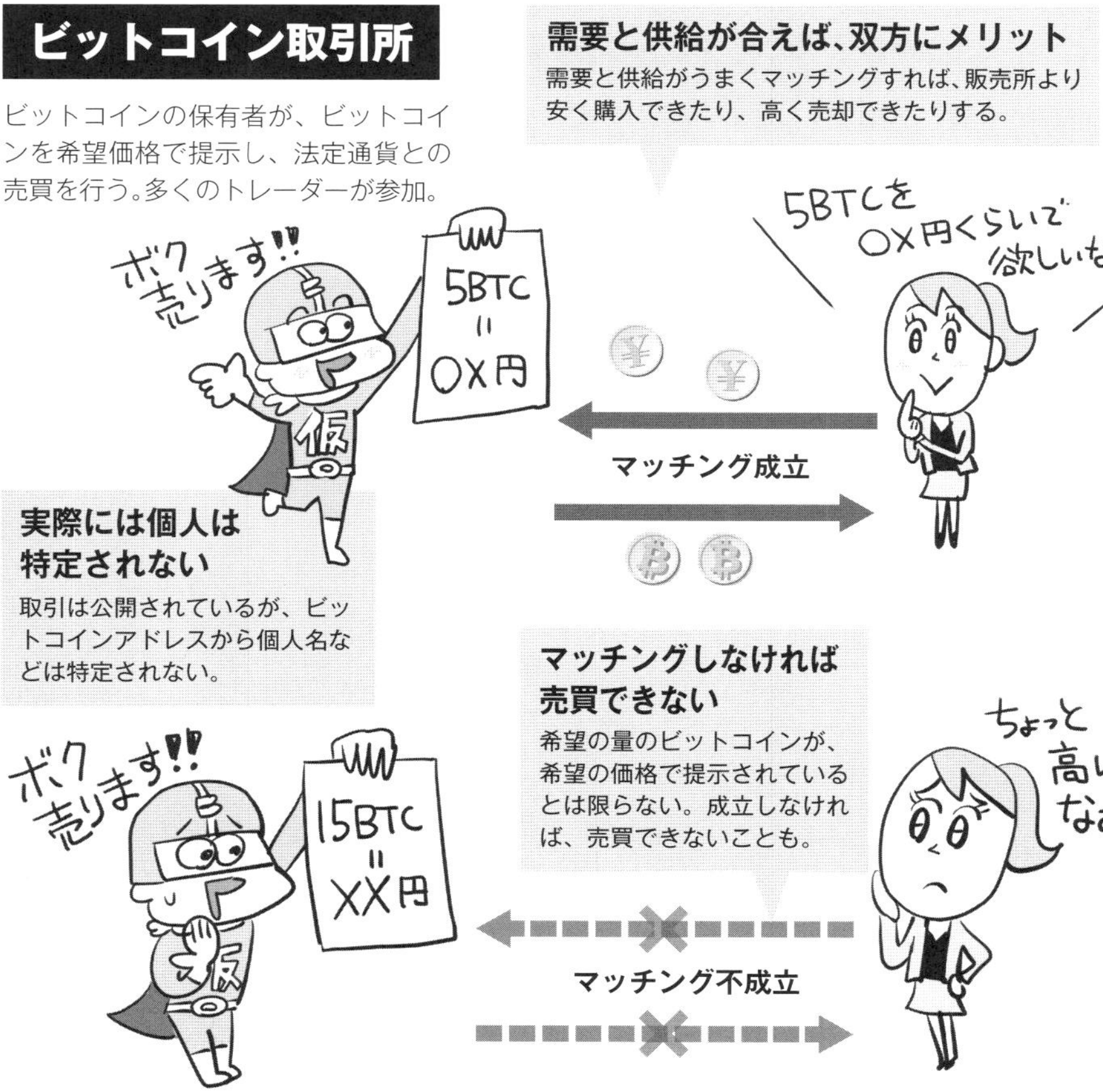
ビットコイン取引所
ビットコインの保有者が、ビットコインを希望価格で提示し、法定通貨との売買を行う。多くのトレーダーが参加。
需要と供給が合えば、双方にメリット
需要と供給がうまくマッチングすれば、販売所より安く購入できたり、高く売却できたりする。
ボク売ります!!
5BTC = ○×円
5BTCを○×円くらいで欲しいなぁ…
マッチング成立
実際には個人は特定されない
取引は公開されているが、ビットコインアドレスから個人名などは特定されない。
マッチングしなければ売買できない
希望の量のビットコインが、希望の価格で提示されているとは限らない。成立しなければ、売買できないことも。
ボク売ります!!
15BTC = ××円
ちょっと高いなぁ…
マッチング不成立

取引所では、決まった価格はありません。株式売買と同様に、売買を希望する双方が注文を出し、価格が一致すれば取引成立。売買の値段を指定する指値取引も可能です。購入時は、銀行から取引所に現金を送り、相場を見て購入注文。トレーダーが多く参加しているので、大口取引もできます。

銀行振込とクレジット。コインを購入するなら?

ビットコインの購入にクレジットを使うと、高い手数料がかかります。銀行から取引所の口座に振り込んで支払うのが絶対お得。

銀行によっては、仮想通貨取引所への振込手数料がかからないところもあります。

専用ＡＴＭや個人間での譲渡など入手方法は他にもいろいろある

ビットコインのその他の入手方法

取引所・販売所での購入以外の方法でもコインを入手可能。今後、ユーザーが増えれば入手も利用もしやすくなる。

ビットコインATMから購入

ビットコイン ATM で、現金を使ってビットコインを購入する。QR コードリーダーに、スマートフォンの自分のビットコインアドレス（QR コード）を当てて読み込ませる。利用時には本人確認書類のスキャンが必要なこともある。

マイニングへの参加

マイニングプールに参加したり、クラウドマイニングに参加することでビットコインの報酬を得ることができる（P65）。

ビットコイン取引所、販売所での購入以外でもビットコインを入手する方法はあります。

例えば、ビットコインＡＴＭ。日本ではまだ少ないものの、現金で手軽にコインを購入できます。

また、マイニングに参加する方法もあります。今後、日本でも大手ＩＴ企業などがマイニングに乗り出すとみられ、個人でマイニングプールに参加する選択肢も拡がりそうです。

ビットコイン関連のイベントに

個人からの譲渡

ビットコインをすでに保有している知人から譲ってもらう。現状、譲渡にともなう所得は雑所得となり、給与所得などの他の所得と合算して税率が決定される(P118)。今後税制は変わる可能性もあり、少額のやり取りに留めるほうが無難。

サービスへの対価

サービスの対価としてビットコインで報酬を受け取る。少額の振込、海外からの送金時には、銀行のように送金の手数料がかからないため便利。ただし、価格変動で、値動きが激しいので注意、合意が必要。

参加すれば、知り合った人同士でビットコインを取引することもできます。しかし、信頼できる取引相手かどうか見極める必要はあり、初心者には難しい面も。

今後、利用者の増加とともに、サービスへの対価をビットコインで受け取ることも盛んになっていくと考えられます。

●支払、送金時は合意が必要

ビットコインの送金はQRコードを読むだけなので、実に簡単。手数料がほとんどかからず、少額支払や海外送金には便利です。

ただ、価格変動で24時間での変動幅も大きいため、支払や送金時は、双方合意しておくことが欠かせません。

変動相場制で値動きは激しい。仮想通貨取引所ごとに価格が異なる

数年前、数百円で取引されていた1BTCですが、2017年には100万円超え。仮想通貨の価格は世界情勢などを受け、激しく上下し、時々刻々と変動します。

価格を決めるのは需給バランス。ビットコインは発行量が決まっており、中央銀行による市場操作もないので、欲しい人が増えれば価格は上がります。投機目的の人もいれば、政情不安で自国の通貨より仮想通貨を選ぶ人もいます。

注意したいのは、各取引所の価

需要が高まれば価格も高まる

ビットコインの需要が高まれば、価値は上がる。総発行量に限りがあるため、価値が下がりにくいといわれている。

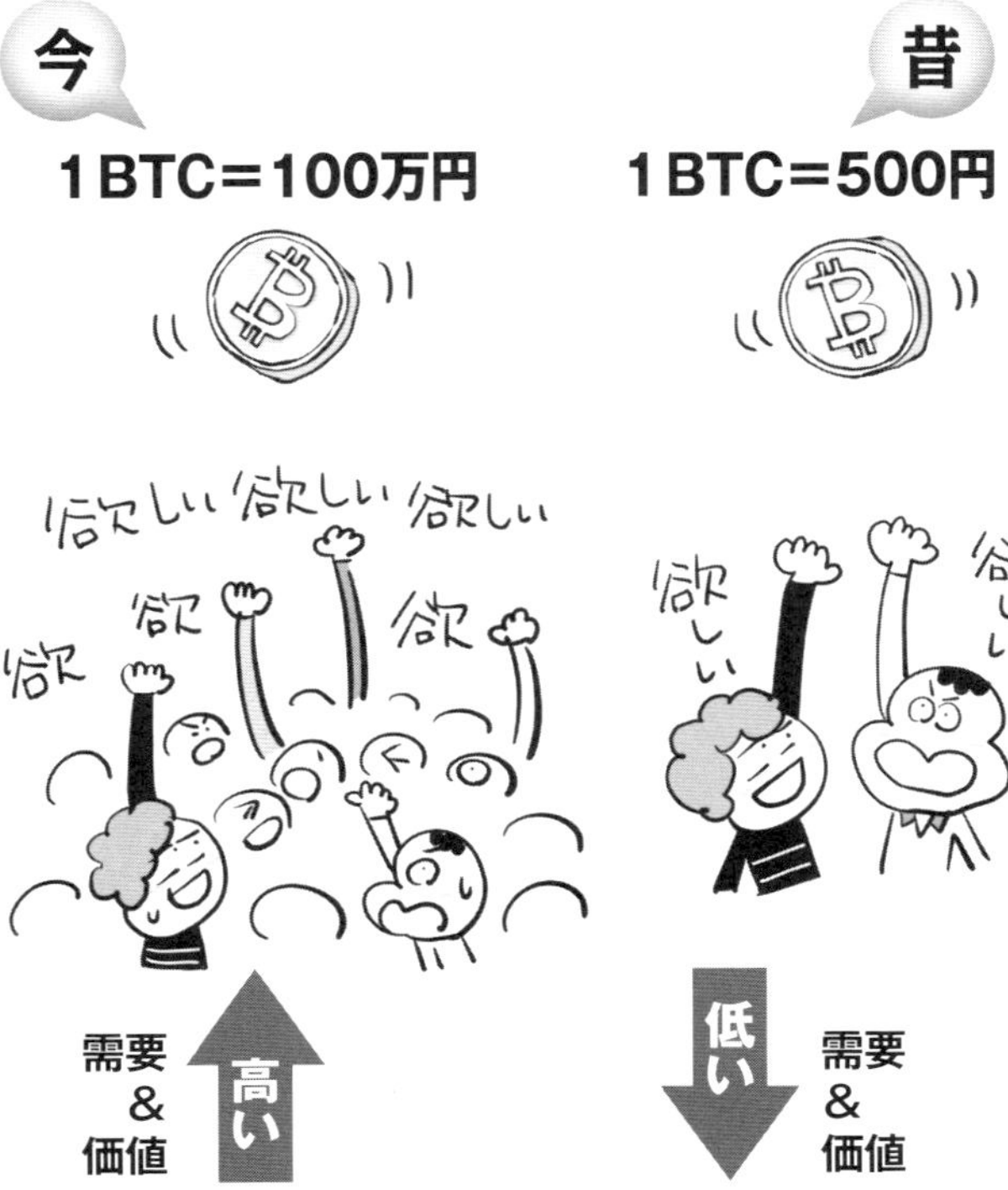
今
1BTC＝100万円
欲しい 欲しい 欲しい
欲
欲
欲
需要＆価値
高い
昔
1BTC＝500円
欲しい
欲しい
低い
需要＆価値

取引所ごとに取引価格が細かく異なる

仮想通貨取引所ごとに取引価格は異なる。販売所では購入・売却価格、またその手数料に差が生まれる。

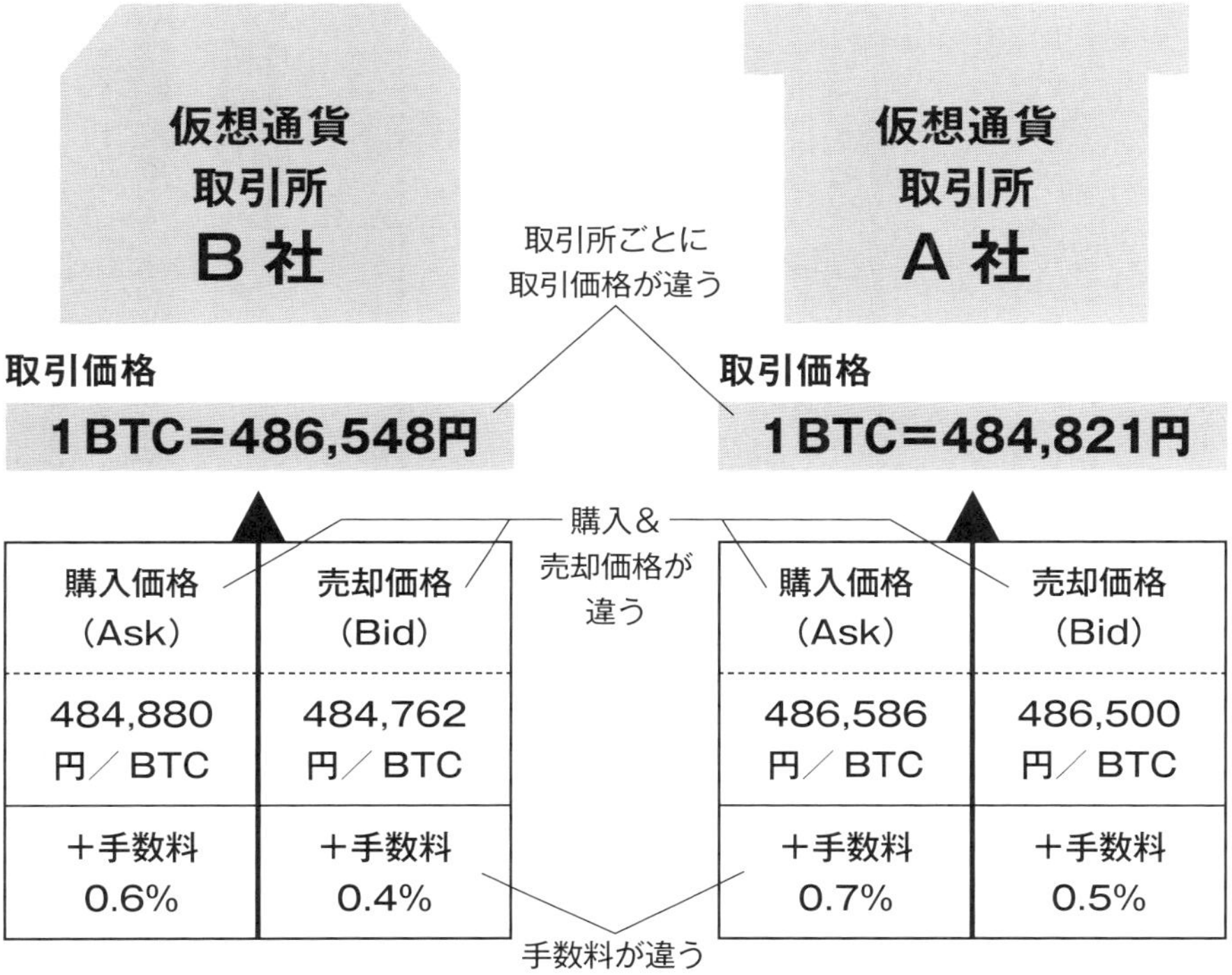

格差。市場の需給により取引所ごとの価格、手数料が違います。取引時にはスプレッドといって、数パーセント差額が上乗せされることもあります。取引所による違いが大きいので、要チェックです。

流通量が多く安定した取引ほどスプレッドは小さくなります。ビットコインのスプレッドは他の仮想通貨より小さい傾向にあります。

●取引所間の差は自然に縮小

取引所間の価格差を利用して利益を出すアービトラージ（裁定取引・P96）も行われています。

ただ、安いところで買って高いところで売る人が増えれば、需給によって価格差は縮まり、取引所間の差も小さくなっていきます。

公開鍵暗号を使った電子署名で送金が行われる

ビットコインの送金には、公開鍵暗号方式を使います。公開鍵暗号方式とは、対となる「公開鍵」「秘密鍵」を使い、暗号化と復号化を行う方法。送金者は取引データに電子署名をし、ネットワークへ知らせます(ブロードキャスト)。受け取ったマイナーは、送金者の公開鍵を使い、取引データを検証、承認します。

仮想通貨取引所からの送金では、一連の手続きを取引所が代行します。

電子署名で送金するときの流れ

送金時は、コインの送金者が署名と検証に使う鍵を用意。取引データはマイナーに検証、承認される。

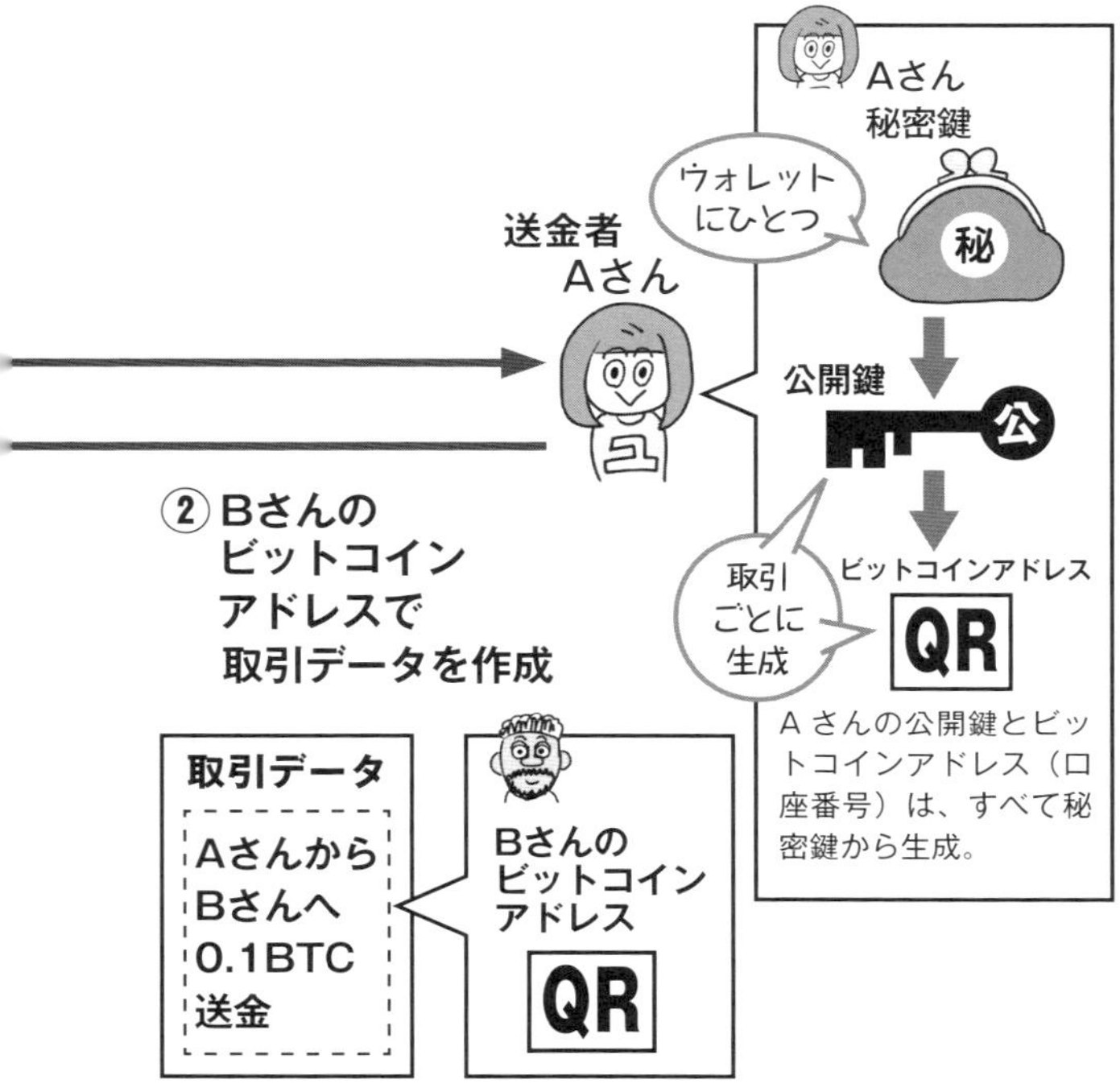

Aさん
秘密鍵
ウォレットにひとつ
秘
送金者
Aさん
公開鍵
公
取引ごとに生成
ビットコインアドレス
QR
Aさんの公開鍵とビットコインアドレス(口座番号)は、すべて秘密鍵から生成。
② Bさんのビットコインアドレスで取引データを作成
取引データ
Aさんから
Bさんへ
0.1BTC
送金
Bさんのビットコインアドレス
QR

【取引開始から完了まで】

受領者Bさんのビットコインアドレスで作った取引データ（①〜②）を、送金者Aさんの秘密鍵で電子署名する（③）。署名付き取引データをビットコインネットワークに知らせる（ブロードキャスト・④）。マイナーが署名付き取引データをAさんの公開鍵で検証、承認しBさんに伝達する（⑤〜⑥）。

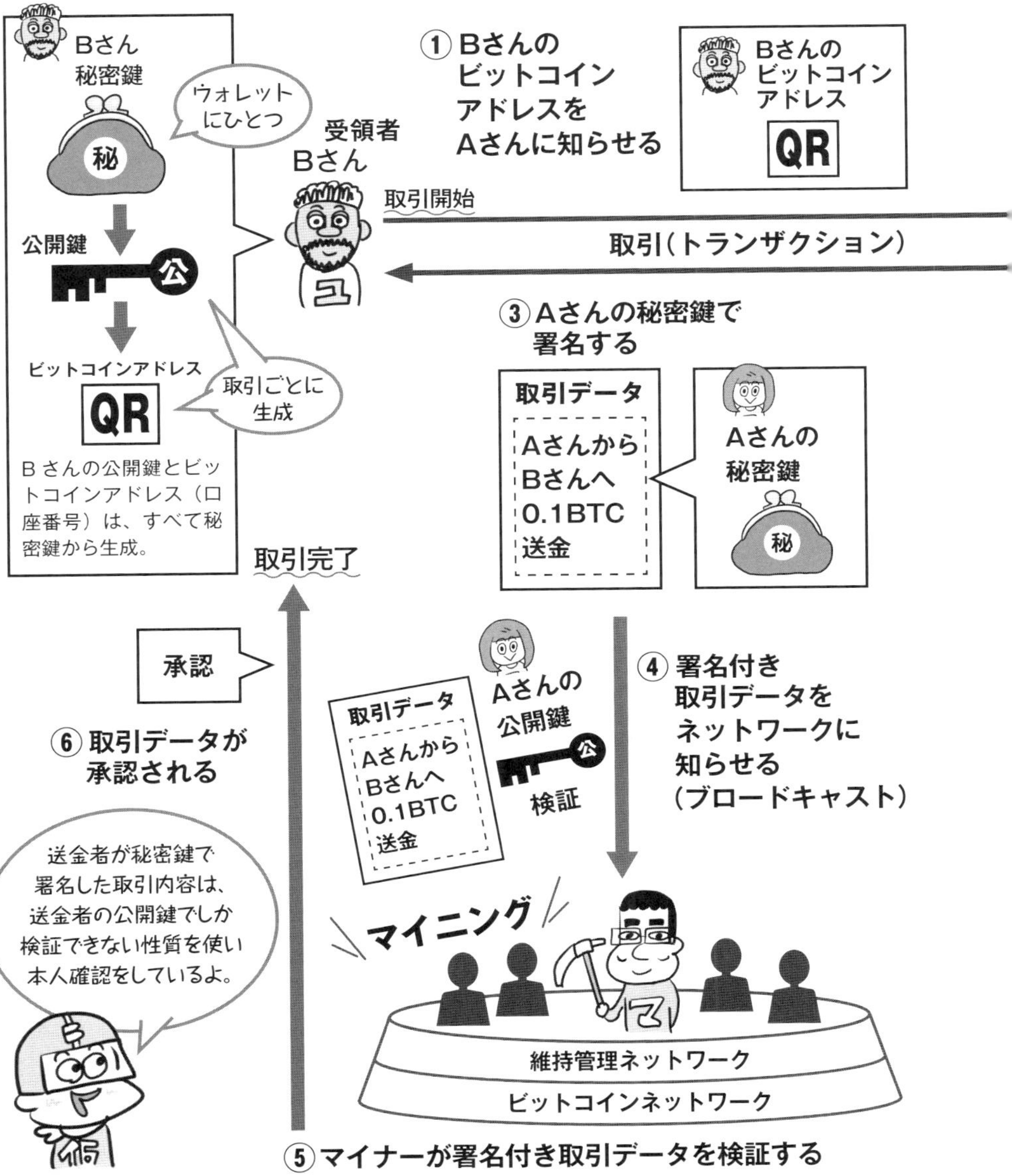

●取引確認

ブロックチェーンエクスプローラーでリアルタイムで公開された取引を確認できる

取引状況を確認するためのツールが、ブロックチェーンエクスプローラーという、ビットコインの可視化ビューワーサイト。いくつか種類があり、仮想通貨取引所が提供しているものもあります。画面にビットコインアドレスを入力すれば、格納しているブロックや承認回数がわかります。

送金ごとに手数料などを計算し更新されるため、1回の取引の裏で複数の取引（計算処理）が行われ、データは複雑です。

ビットコインアドレスで取引状況の確認

ビットコインアドレスを検索バーに入力し検索すれば、誰でもその取引のリアルタイム情報を確認することができる。

ブロックチェーンエクスプローラー

クリック！

ビットコインアドレスを入力
ビットコインアドレスなど、確認したい取引に関係するアドレスなどを入力する。

BLOCKCHAIN
NEW TO DIGITAL CURRENCIES?

https://blockchain.info/ja

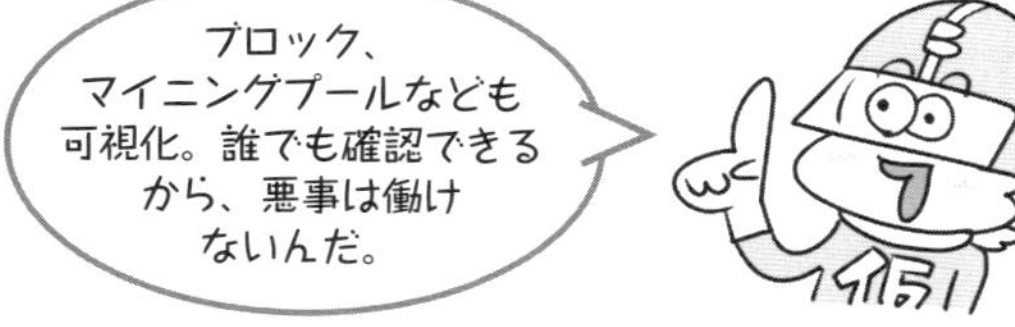
ブロック、マイニングプールなども可視化。誰でも確認できるから、悪事は働けないんだ。

公開されているアドレス
ビットコインアドレスの取引状況が一覧で表記される。

ビットコインアドレスのQRコード
ビットコインアドレスのQRコード。このQRコードで入出金できる。

該当アドレスが含まれる取引の内容
今回のアドレスが含まれる全取引のリアルタイムの状況が記される。

承認回数
何回承認されているかがわかる(P58)。承認回数によって色や表記が変化する。

残高総額と送金合計がイコールになるように取引される

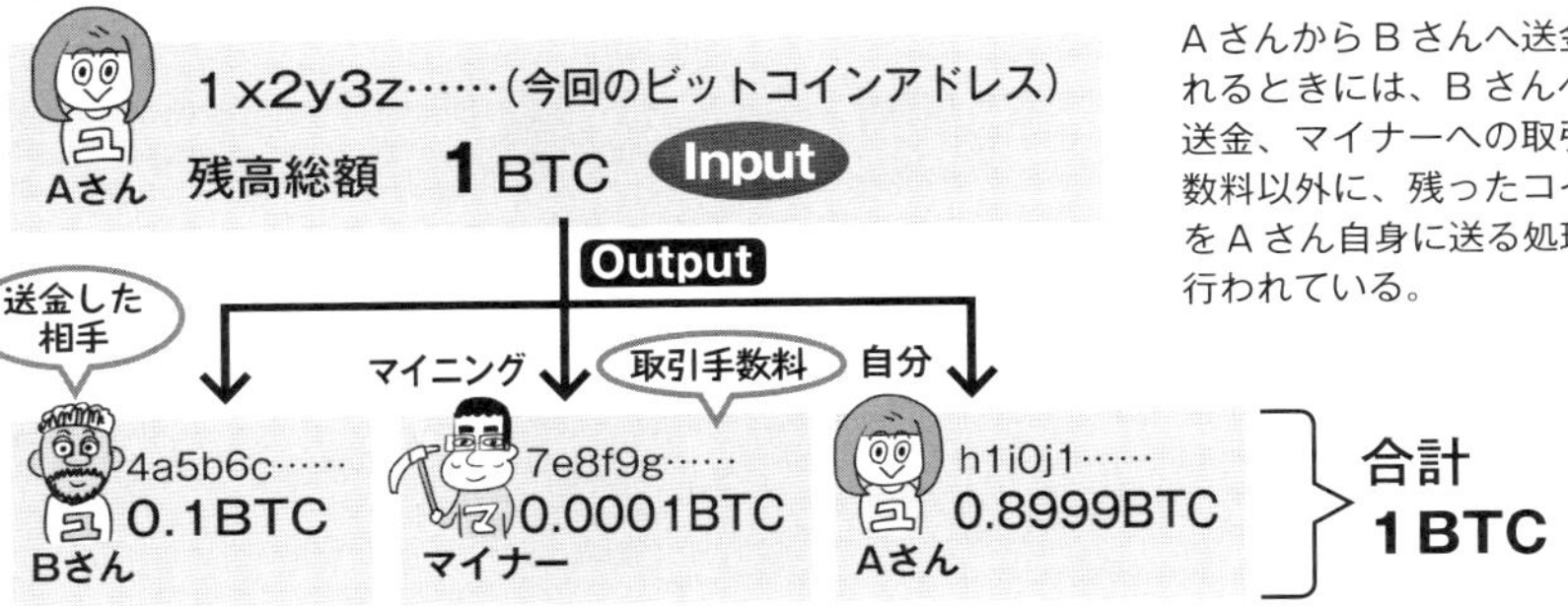

Aさんから B さんへ送金されるときには、B さんへの送金、マイナーへの取引手数料以外に、残ったコインを A さん自身に送る処理が行われている。

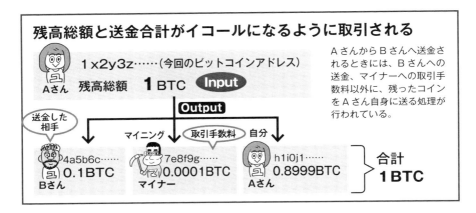

海外送金でも手数料と時間がかからない。簡単に現金にも替えられる

ビットコインの最大のメリットは、手数料の安さ。とくに海外送金の場合、通常の銀行では200 0円以上の送金手数料がかかるほか、受領時にも手数料が必要。オンラインバンキングは割安ですが、それでも1000円程度はかかります。

また、送金側と受領側の銀行に取引がない場合、中継銀行（コルレス銀行）を利用するので、手数料が余分に必要です。もちろん、これに為替手数料も上乗せされま

銀行経由の海外送金との違い

銀行経由で海外送金すると、多額の手数料と日数を要する。ビットコインではこれらの費用と時間を省ける。

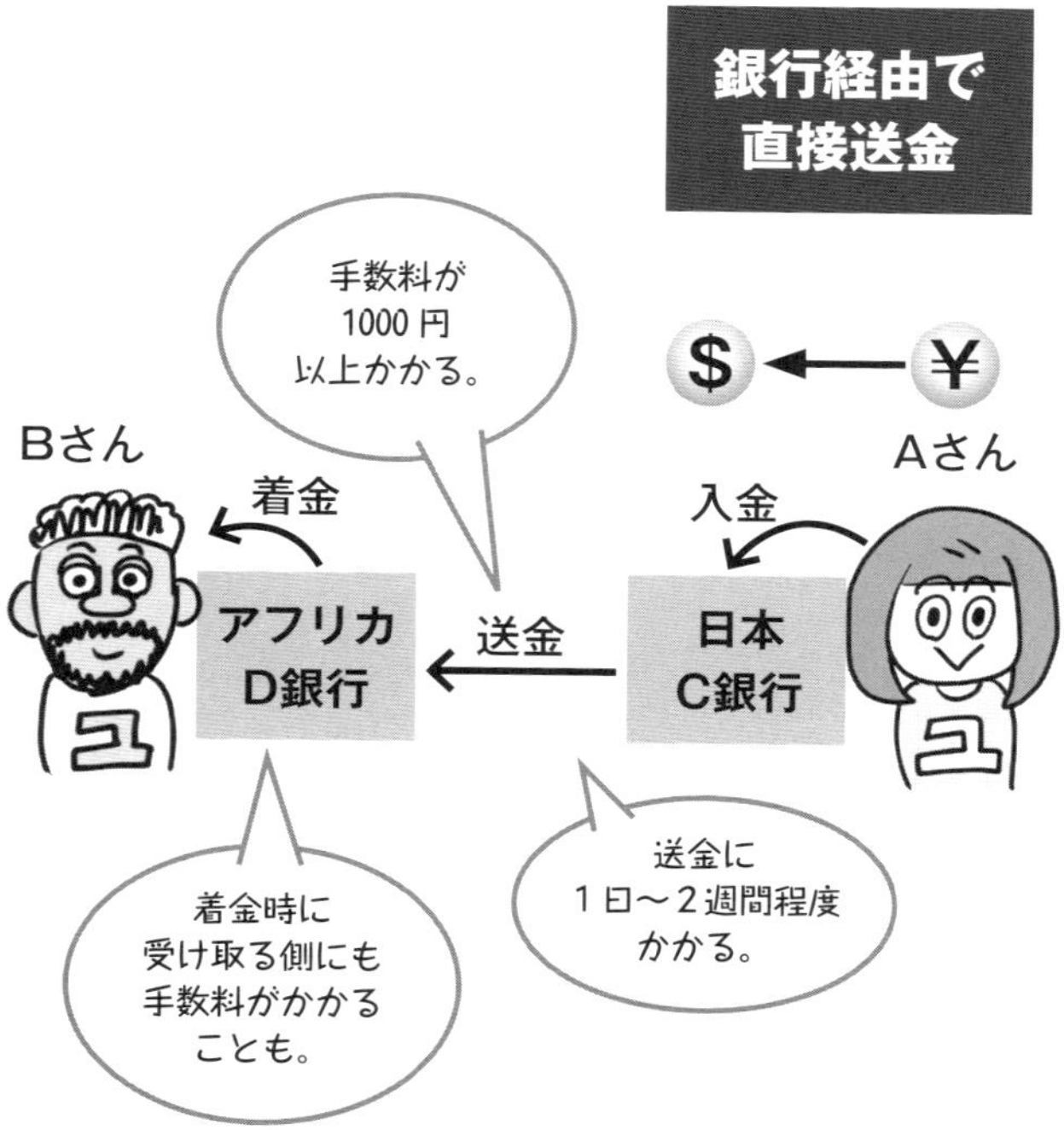

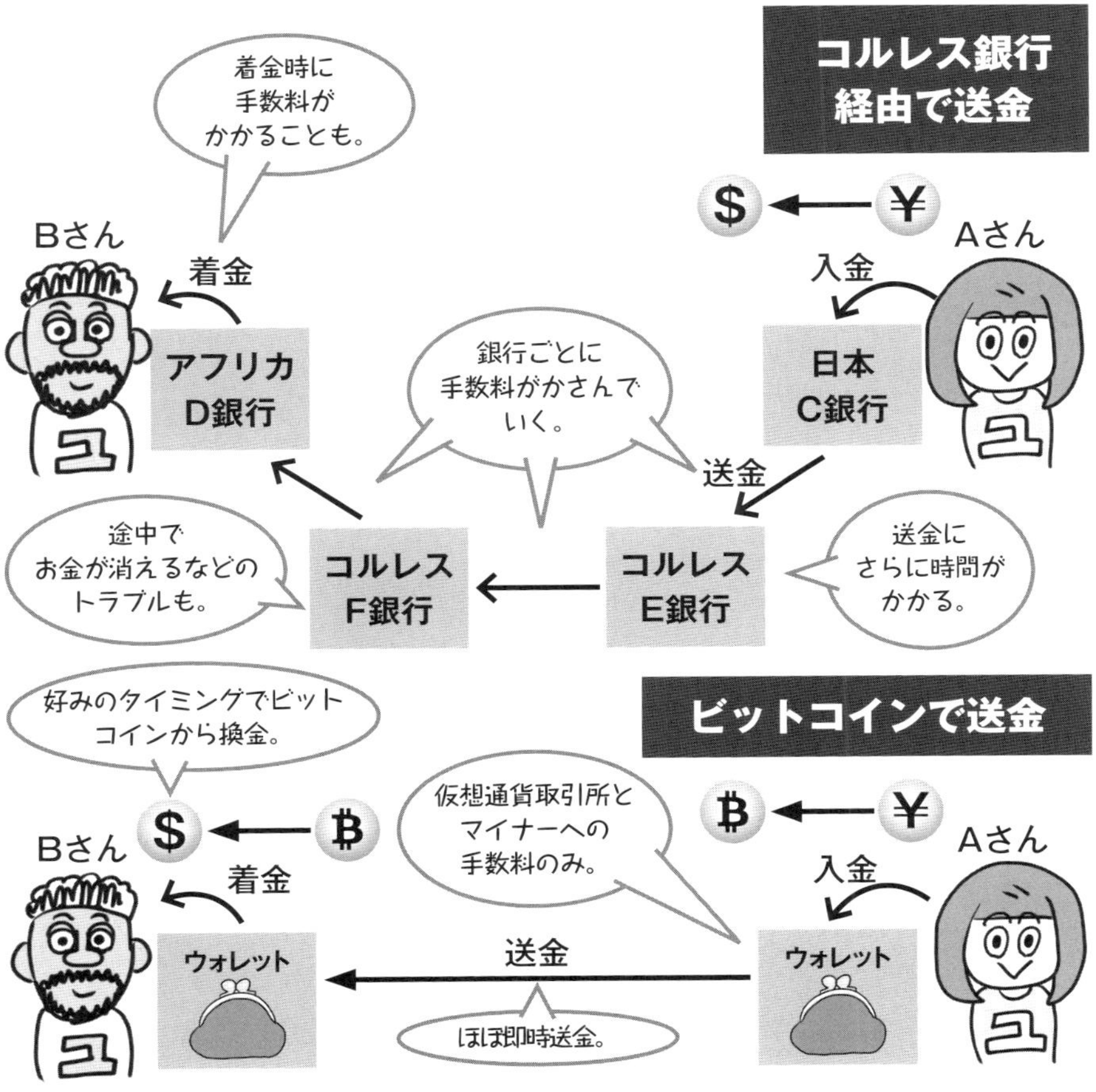

すから、受取額は大幅に減ることになってしまいます。

ビットコインなら手数料が数百円程度。円で購入したビットコインを送金し、受領側が取引所などでドルに交換し出金するので、トータルの手数料は安く済みます。

銀行のように日数もかからず、即時決済が可能です。少額の生活費を何度も送金する場合など、手数料を心配せずに送ることができます。

●ビットコインでできること②

決済時の店側の手数料負担が格安。クレジットカードのように情報を取られない

クレジットカードとの決済を比較

クレジットカードでの決済は、店舗側の負担が大きい。ビットコインならこれらの負担を大幅に省ける。

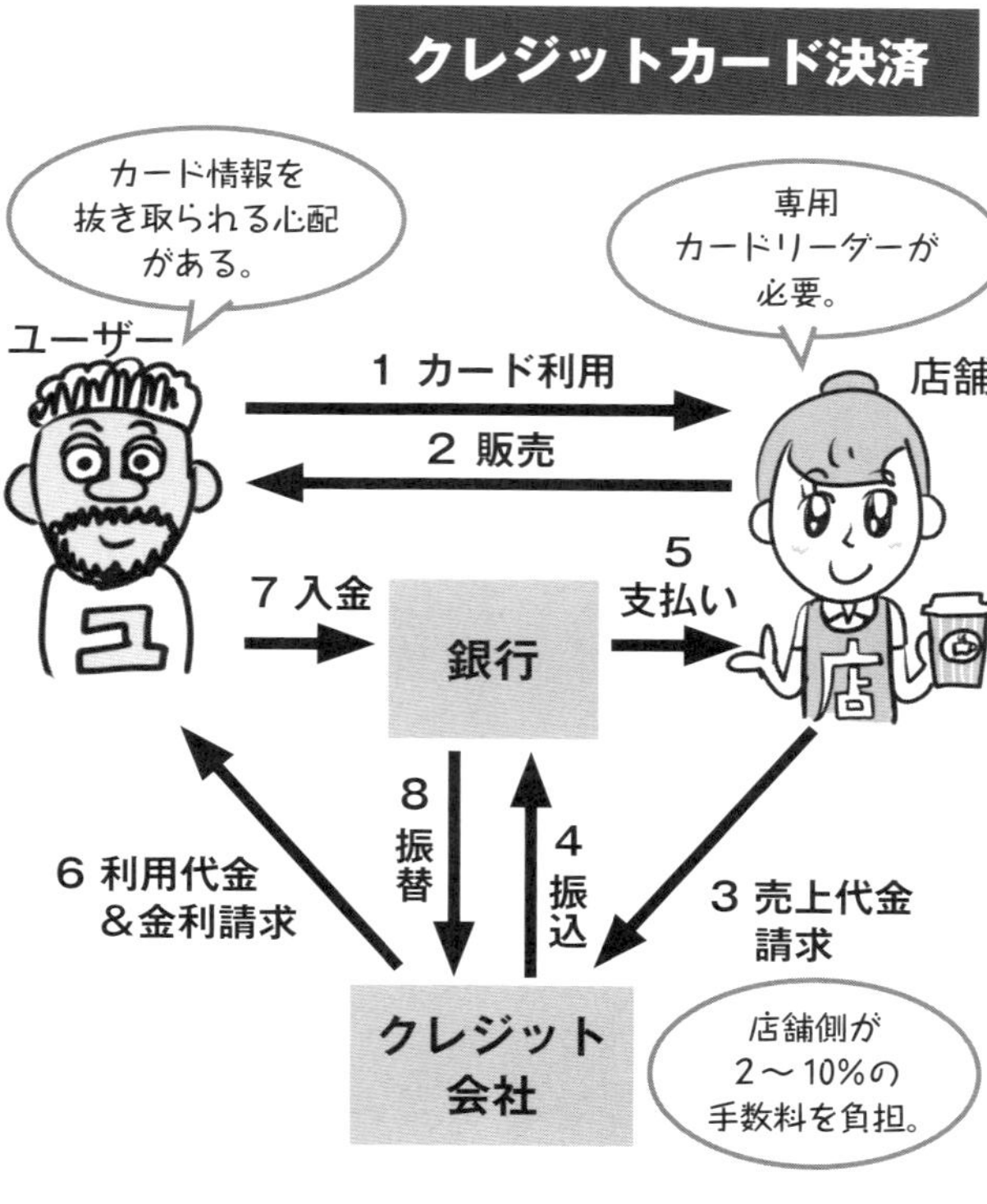

クレジットカード決済
カード情報を抜き取られる心配がある。
専用カードリーダーが必要。
ユーザー
店舗
1 カード利用
2 販売
7 入金
銀行
5 支払い
8 振替
4 振込
6 利用代金＆金利請求
3 売上代金請求
クレジット会社
店舗側が2〜10%の手数料を負担。

ビットコインを店の支払に使う場合、ユーザーはスマホをかざすだけですが、店舗側とユーザーの双方にメリットがあります。

まず店舗側では次のような違いがあります。

クレジットカード導入の際、専用のカードリーダーを用意しなければなりません。決済ごとに2〜10%程度の手数料がかかり、入金にも日数を要します。

一方ビットコインは、専用機器などの初期費用は不要。取引手数

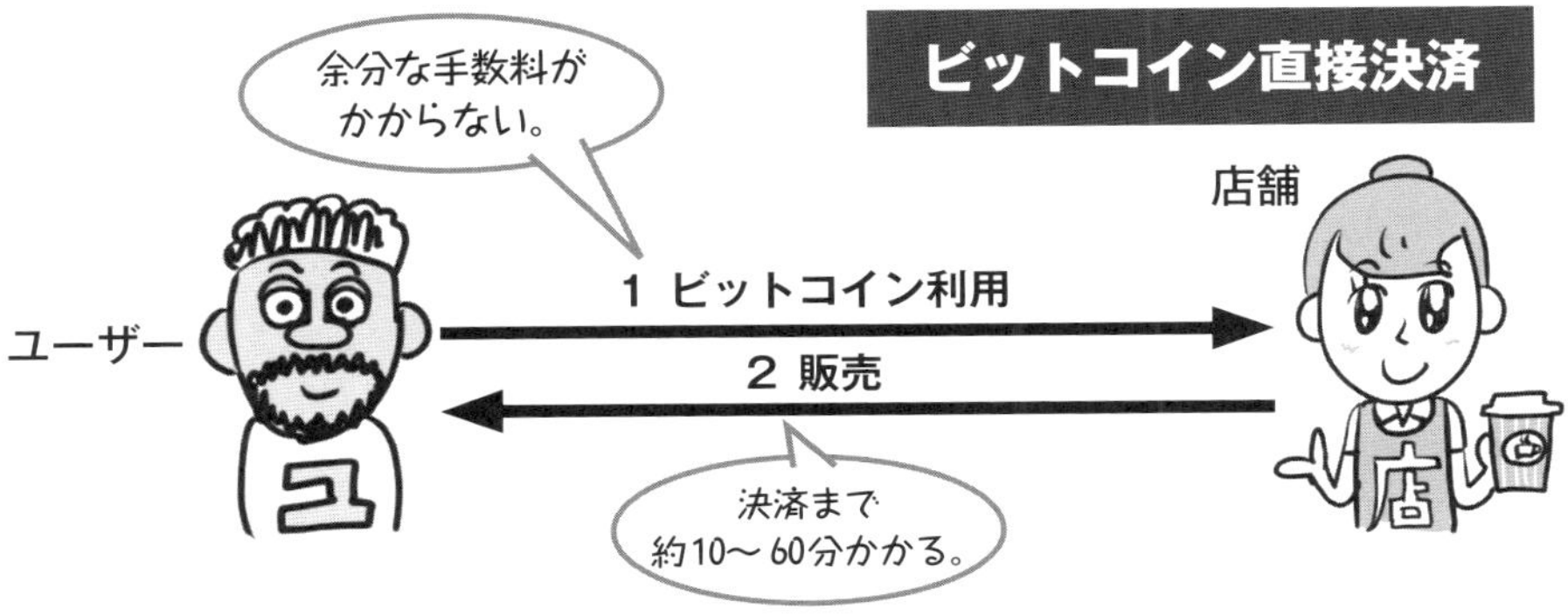
ビットコイン直接決済
余分な手数料がかからない。
店舗
ユーザー
1 ビットコイン利用
2 販売
決済まで約10～60分かかる。

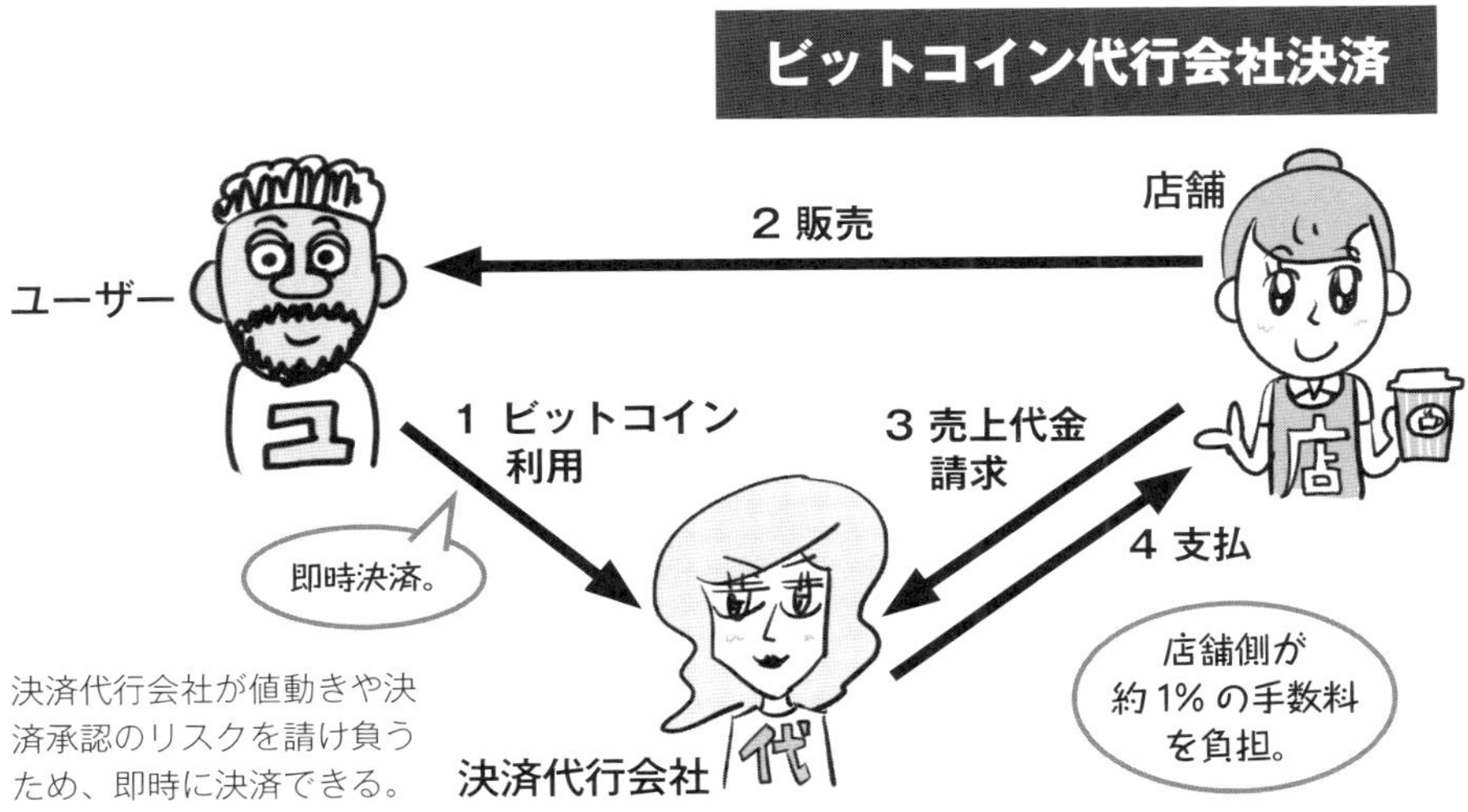
ビットコイン代行会社決済
店舗
2 販売
ユーザー
1 ビットコイン利用
3 売上代金請求
4 支払
即時決済。
店舗側が約1％の手数料を負担。
決済代行会社が値動きや決済承認のリスクを請け負うため、即時に決済できる。
決済代行会社

料もほとんどかかりません。しかも支払決済は10分程度で完了します。個人のオンラインショッピング以外はほとんど決済代行会社に委託していますが、代行手数料も1％程度です。

また客側では、クレジットカードの場合、情報を抜き取られる心配がありますが、ビットコインにはそうしたリスクがありません。

電子マネーより メリットが大きい？

プリペイド型の電子マネーは発行者に法定通貨を預け、限られた目的で管理運営されるしくみ。入金額に上限があり、電子マネー同士の取引、送金はできません。ビットコインは、取引や送金に自由に利用できます。

現金や株と同様に、取引価格に従い、売り買いでき、レバレッジもきく

ビットコインは外国為替や株と同じように売り買いでき、仮想通貨取引所内の取引所では、市場を介さず個人間で直接取引する相対取引も行われています。

センターマーケットがないため、価格は、取引所ごとのネットワークによって決まる時価。刻々と推移する取引所間の価格差を利用し、アービトラージ（裁定取引）で利益を上げる人もいます。

ＦＸのように一定額の証拠金を担保にしたレバレッジ（証拠金倍

おもなビットコインの投資方法

ビットコインの投資では、センターマーケットがないため、取引所での個人間の相対取引が基本となる。

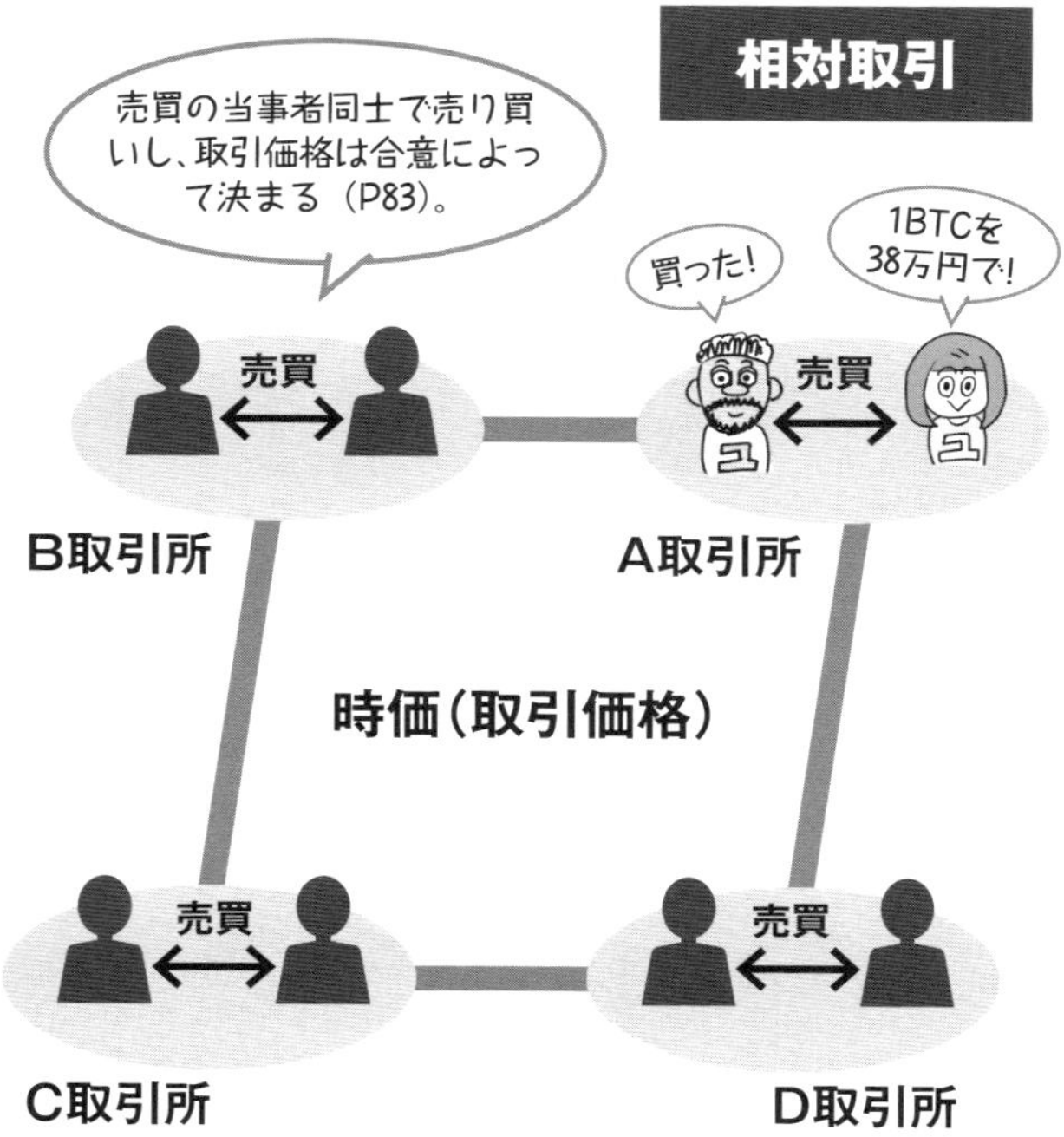

相対取引
売買の当事者同士で売り買いし、取引価格は合意によって決まる（P83）。
買った!
1BTCを38万円で!
売買
B取引所
A取引所
時価（取引価格）
C取引所
D取引所

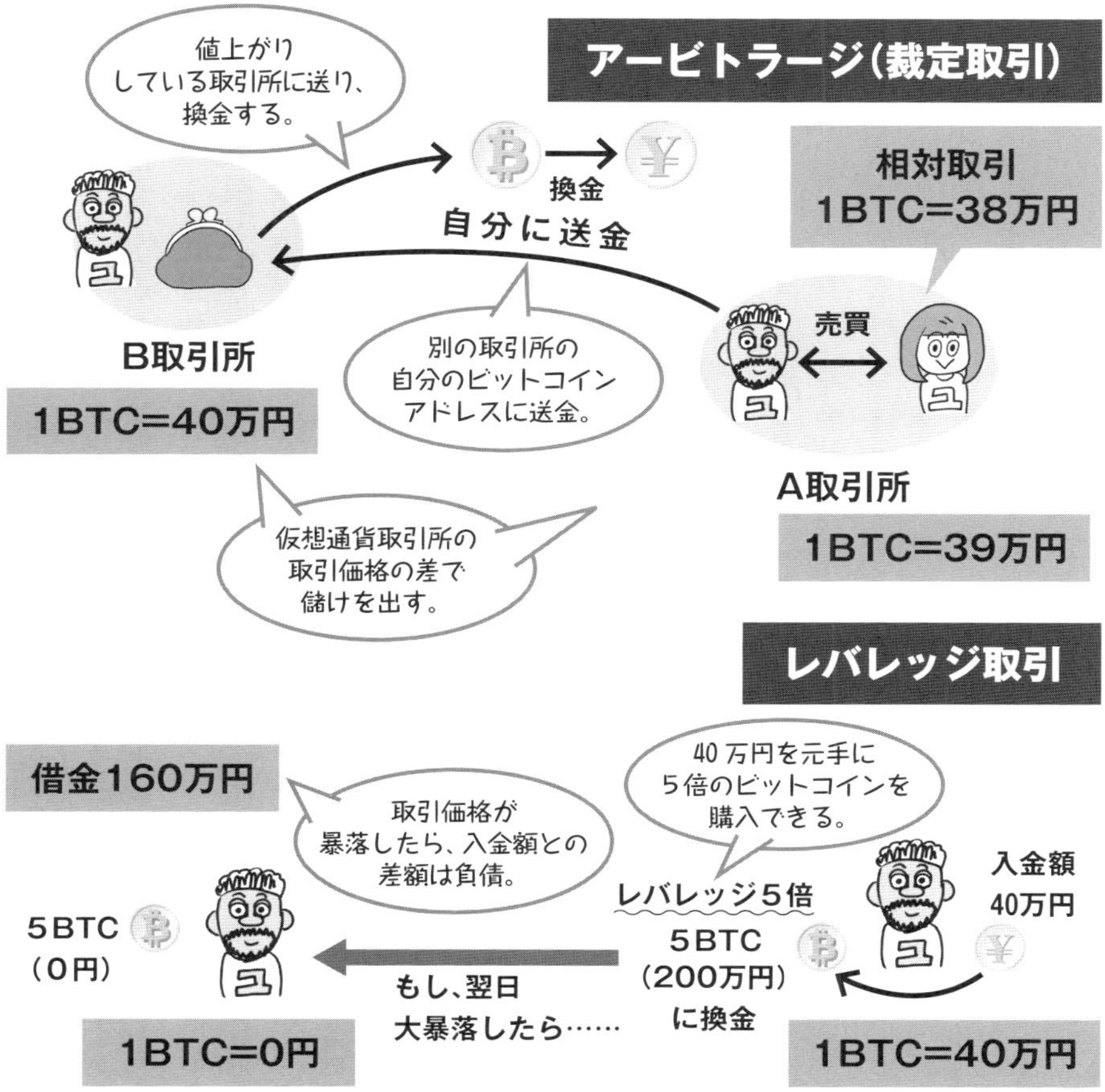
アービトラージ（裁定取引）
値上がりしている取引所に送り、換金する。
換金
自分に送金
相対取引 1BTC＝38万円
売買
B取引所
1BTC＝40万円
別の取引所の自分のビットコインアドレスに送金。
A取引所
1BTC＝39万円
仮想通貨取引所の取引価格の差で儲けを出す。
レバレッジ取引
借金160万円
取引価格が暴落したら、入金額との差額は負債。
40万円を元手に5倍のビットコインを購入できる。
入金額 40万円
レバレッジ5倍
5BTC （200万円） に換金
5BTC （0円）
もし、翌日大暴落したら……
1BTC＝0円
1BTC＝40万円

率）取引も可能。倍率は、取引所により3～25倍程度です。

ただし、リスクも大きいことを忘れずに。取引手数料も異なるので、できるだけ手数料の安いところを選ぶのもポイントです。

●偏った投資は避けて

日本では改正資金決済法が施行されて以来、多くの日本人が仮想通貨市場に参入し、一種のバブル状態にあります。そのため、価格変動には注意が必要です。各国の政策や法整備の発表で急落するリスクもあり、突然使えなくなってしまうことさえ考えられます。

ビットコインに偏った投資や生活資金の投入はNGです。投資初心者は慎重に取引してください。

インターネット経由の少額寄付、資金調達目的の寄付出資に最適

法定通貨とビットコインでの寄付の違い

東日本大震災以降、寄付やクラウドファンディングが一般化。ビットコインはとくに海外への寄付に適している。

海外で大地震……

海外の災害などで寄付をしたいとき、ビットコインなら直接少額でも寄付することができる。

手数料がほとんどかからないというビットコインの特長は、海外送金だけでなく少額寄付にも向いています。例えば災害の被災者への少額寄付。銀行振込では手数料に数百円も取られることがありますが、ビットコインなら寄付したいお金のほぼ全額が送れます。

しかも、ビットコインの最小単位は1億分の1なので、1円という法定通貨単位にしばられることもありません。受け取ってほしい相手に届いたことを、自分ですぐ

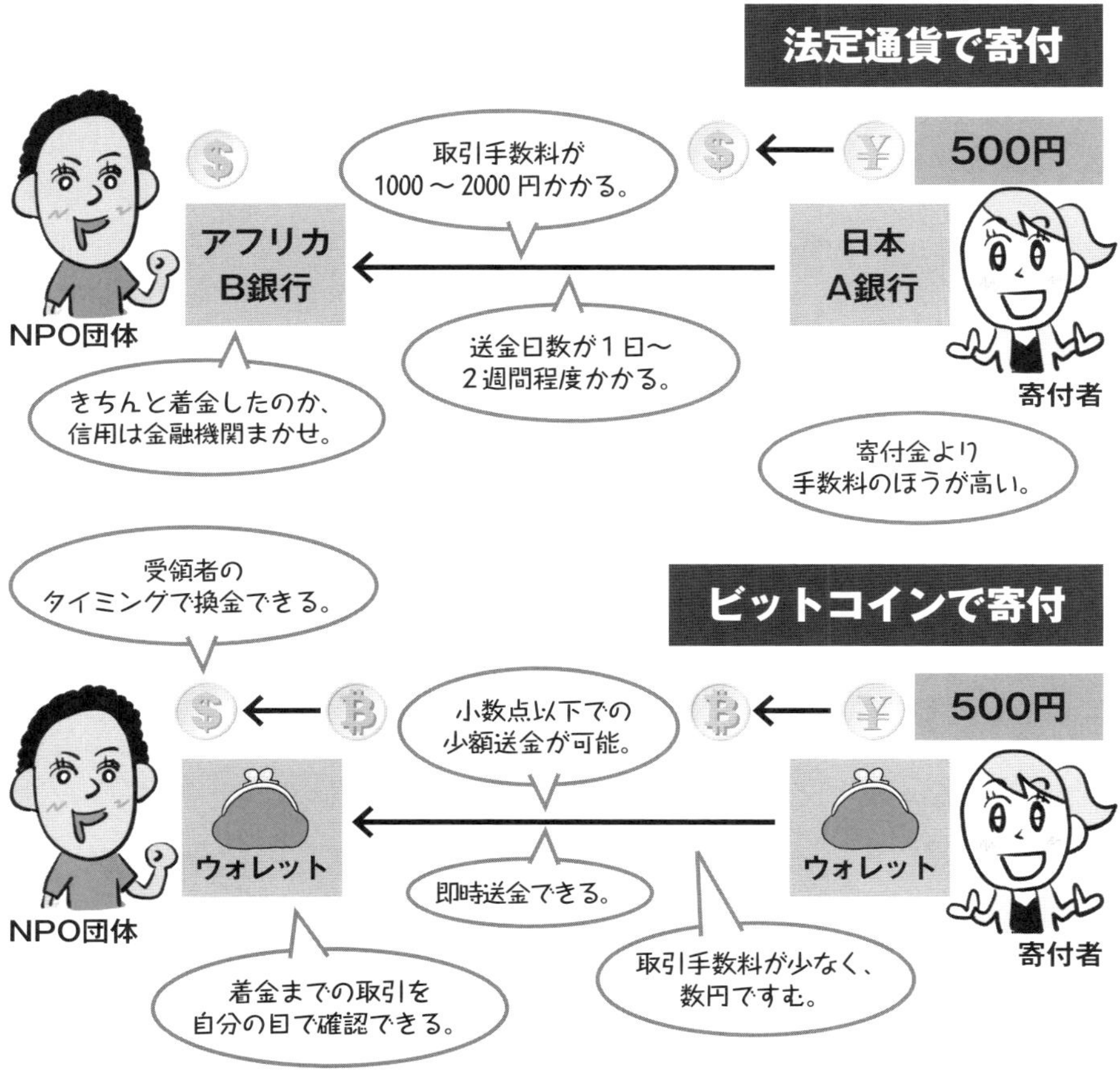
法定通貨で寄付
500円
取引手数料が
1000～2000円かかる。
アフリカ
B銀行
日本
A銀行
NPO団体
送金日数が1日～
2週間程度かかる。
きちんと着金したのか、
信用は金融機関まかせ。
寄付者
寄付金より
手数料のほうが高い。
受領者の
タイミングで換金できる。
ビットコインで寄付
500円
小数点以下での
少額送金が可能。
ウォレット
ウォレット
即時送金できる。
NPO団体
寄付者
取引手数料が少なく、
数円ですむ。
着金までの取引を
自分の目で確認できる。

に確認できるのも嬉しいところ。

通貨の壁もないため、国内外を問わず、クラウドファンディングでの寄付や資金調達にも有効です。

最近では、新規事業の資金調達でも仮想通貨が注目の的に。独自のコインを作り販売する手法である「ICO」や、これらのICOを支援するCOMSA《コムサ》などのサービスも始まっています（P111）。

ビットコインの単位 Satoshiって？

ビットコインの最小単位は0.00000001BTC。

生みの親であるサトシ・ナカモトに因んで1Satoshiと呼びます。1BTCが100万円なら、1Satoshiは0.01円になります。

わかったかな!?
PART3を30秒で理解する

●ビットコインの取引を開始するには、まず仮想通貨取引所のホームページに個人情報を登録する。

●改正資金決済法によって仮想通貨の事業者は登録制になった。自分が登録する取引所が金融庁・財務局の登録認定を受けているか確認する。

●仮想通貨は法律で保護されていない。資金の管理の基本は自己責任。

●他のパスワードの使い回しは厳禁。二段階認証の設定は必須。

●口座の仮想通貨を管理するウォレットにはインターネットに常時つながっているホットウォレットと、ネットから切り離されたコールドウォレットに大別される。

●ビットコインの入手先はさまざま。初心者は仮想通貨取引所内のビットコイン販売所で購入するのがおすすめ。

●仮想通貨取引所ごとに取引価格は異なり、それぞれの仮想通貨取引所の需給によって価格が決まる。

●公開鍵暗号方式で送金者が電子署名をした取引データを使い送金が行われる。

●すべての取引はリアルタイムにブロックチェーンエクスプローラーなどで確認できる。

●海外送金、決済、投資、寄付などにおいて、法定通貨や他の電子マネーよりさまざまな側面でメリットが大きい。

PART 4

私たちの生活はどう変わる?

ブロックチェーンの技術を使い、
目的に応じてビットコインを改良すれば、
コインは自由に作ることができる。
これまで法定通貨の管理主体だった国家や銀行までもが
独自の仮想通貨の実証実験に乗り出している。

ビットコイン以外のコインが続々登場。仮想通貨が未来の生活を変えていく

仮想通貨は、ビットコイン以外にもあるのよね？ ビットコインとは、何が違うの？

どれもブロックチェーンのしくみを使い、ビットコインの問題点や弱点を改善したものだ。そもそもビットコインは、設計図がすべて公開されているから、技術さえあれば、誰でも新たなコインが開発できる。例えば、ディフィカルティ（難易度）や暗号化のアルゴリズムを変えることで、取引承認にかかる時間を短縮したり、消費電力を抑えたり。

現在、仮想通貨の種類は800以上あるけど、まだまだ新たなコインが増え続けているところなんだ。**仮想通貨の時価総額**では、ビットコインが50％近くで、トップの座を占め続けているよ。

世の中仮想通貨だらけじゃない！
じゃあ円と並行して仮想通貨を使うようになるっていうこと？

・**仮想通貨の時価総額**　時価総額は仮想通貨の価格と発行量の掛け算で決まる。左記のグラフから他のアルトコインの勢力が伸びていることがわかる。

【仮想通貨の時価総額の割合】

(%)
100
90
80
70
60
50
40
30
20
10
0
ビットコイン　$88,718,530,444
イーサリアム　$28,610,011,319
リップル　$8,790,469,695
2016年1月
6月
2017年1月
6月
(年・月)

出典：「Cryptocurrency Market Capitalizations」https://coinmarketcap.com/charts/（2017年10月現在）

通貨として機能するには、多くの人がその価値を認め、流通する必要がある。今後、新たな仮想通貨が流通するようになるには、ビットコイン以上に何らかの付加価値が必要とされるだろうね。

ブロックチェーンを活用した仮想通貨は、世界中で導入され始めている。ICOといって、企業や団体が資金調達のために**トークン**という仮想通貨（デジタル権利証）を発行する方法は、今、世界の注目の的だ。

エストニアでは、海外からの投資を誘致するためにエストコインという仮想通貨を検討している。日本でも、地方創生のためにブロックチェーンを利用した仮想通貨を発行する動きが、各地で始まっている。

もう法定通貨なんていらなくなっちゃうの？仮想通貨にしておけば税金も払わなくていいのかな。

脱税や**マネーロンダリング**に使われたり、テロリストの資金源になる懸念があるから、各国で対応を始めている。中国は、取引所を閉鎖するなどの厳しい動きに出ているけど、日本は法整備で対応しつつある。

仮想通貨が今後どうなるかは誰にもわからないけど、法定通貨でできなかったことをできるようにして、みんなの生活をよくする可能性を持った通貨にはちがいない。いい方向に育てていく必要があるね。

・**トークン**　ビットコインやイーサリアムなどのブロックチェーン上に発行された、仮想通貨様式に似たデジタル権利証として使われることが多い。

仮想通貨は
不確定要素もある。
でももう無視できない
時代に突入
しているんだ！

・**マネーロンダリング**　資金洗浄。犯罪取引で得た資金を、架空口座などを利用し取引し、出処をわからなくする。犯罪集団が顧客確認なしでウォレットを開設できる取引所を使い、マネーロンダリングをするケースも。

イーサリアム、リップルなどのライバルとなるアルトコインが台頭

おもな仮想通貨の特徴

アルトコインの多くは、ビットコインと同様のブロックチェーンが使われ、さらに改良が加えられている。

リップル（Ripple ）	イーサリアム（Ethereum）	ビットコイン（Bitcoin）	通貨名（英名）
XRP	ETH	BTC	通貨単位
・厳密には、リップルラボ株式会社が運営する決済サービス。 ・SBIグループを始め、世界の金融機関の支援を受け、期待と信頼を集める。海外送金、外国為替に特化。	・スマートコントラクトという契約を自動的に実行させることができる分散型プラットホーム。 ・通貨取引とセットで契約情報がブロックチェーン上で記録できる。	・個人間のＰ２Ｐ技術で運営される完全分散型システム。管理者は存在しない非中央集権型。 ・時価総額はナンバーワン（2017年10月現在）。 ・発行量が決まっている。	特徴
https://ripple.com/	https://www.ethereum.org/	https://bitcoin.org/ja/	URL

ビットコイン以外の仮想通貨をアルトコインといいますが、その多くはブロックチェーンのしくみを使っています。暗号化のアルゴリズムなど、従来のビットコインの技術にさまざまな改良が加えられているのが特徴です。分散型のビットコインと異なり、発行者が管理する中央集権型もあります。

有名なのは、イーサリアムやリップル。流通量も多く安定しており、日本の仮想通貨取引所でも法定通貨で購入可能。取引所によっ

もちろん技術があれば誰でも作れる。値段がつくかどうかは別だけどね！

いろいろあるのねぇ。誰でもコインが作れちゃうの？

ネム (NEM)	ダッシュ (Dash)	ライトコイン (Litecoin)	ビットコインキャッシュ (Bitcoin Cash)
XEM	DASH	LTC	BCH（BCC）
・シンガポールの非営利団体NEM財団による新しいブロックチェーンプラットホーム（NEM）で使用される通貨。 ・スマートコントラクトも取り入れ可能。 ・コインの保有数と取引頻度で重要度を決定。それにより報酬を決める（P111）。	・匿名性が高く、送金時の秘匿性が保たれる。 ・ブロックチェーンの承認作業を行う専任ノード（マイニングする人）を決める「InstantX」で、承認作業が高速化。数秒での取引決済が可能。	・ビットコインよりも取引承認までの時間が短い。素早く決済できる分散型システムのコイン。 ・発行上限はビットコインの４倍に設定されている。 ・ビットコインが「金」とした場合、ライトコインは「銀」とたとえられることがある。	・2017年８月に、ビットコインのハードフォーク（P106、108）により誕生したアルトコイン。 ・オリジナルのビットコインよりも、ブロックチェーンのブロックのサイズが大きくなり、承認までの時間が短い。
https://nem.io/	https://www.dash.org/	https://litecoin.com/	https://www.bitcoincash.org/

て扱うコインは異なるので、口座を開くときに確認しましょう。

今後も新たなアルトコインが登場するものとみられます。ただし、まだ実質的な使い道がないものが多く、当面は投資対象と考えたほうがよさそう。流通量も限られ、価値が不安定なものも多いので、初心者には向きません。

日本で作られたアルトコインはある？

日本でも2014年、電子掲示板「２ちゃんねる」のアスキーアート（活字アート）をモチーフにしたモナーコインが誕生。ユーザー間で管理される完全分散型で、コミュニティ内のサービス開発などに使われています。

その他の仮想通貨②

意見対立が起こり、コインが分裂し誕生するアルトコインもある

ブロックサイズの問題で意見が対立

増大する取引件数を処理する方法論で、開発者側と一部マイナー側で意見が対立。

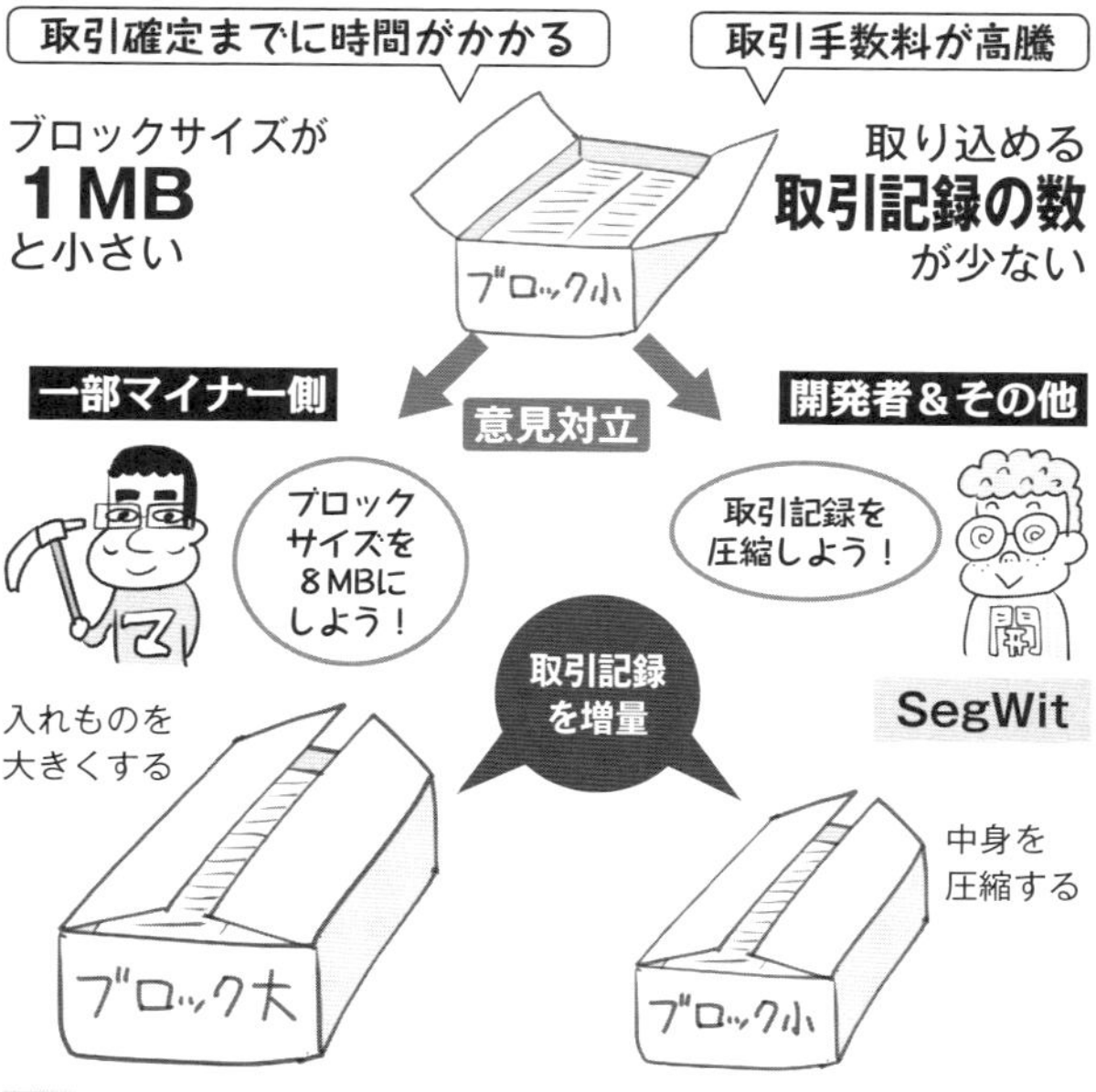

取引確定までに時間がかかる
取引手数料が高騰
ブロックサイズが
1MB
と小さい
取り込める
取引記録の数
が少ない
ブロック小
一部マイナー側
意見対立
開発者&その他
ブロックサイズを8MBにしよう！
取引記録を圧縮しよう！
取引記録を増量
入れものを大きくする
SegWit
中身を圧縮する
ブロック大
ブロック小

利点：取引手数料が増やせる。主流のASIC機（マイニングマシン）が使える。

欠点：前ブロックと互換性なし。

利点：前ブロックと互換性あり。

欠点：理論上4倍の取引量までしか処理できない。
ビットコインのような非中央集権型の通貨では、ネットワーク内で意見が対立、分裂して新たな通貨が生まれることも。代表的なのがビットコインキャッシュです。

発端は、拡張性（スケーラビリティ）の問題。限定のブロックサイズでは取引増大に対応しきれなくなり、承認時間の遅れや手数料高騰に不満が高まっていました。

繰り返される仮想通貨の分裂

マイナー側は、ブロックサイズ

ハードフォークを起こし、新しいコインが誕生

ブロックサイズを大きくしたい一部マイナー側が、それ以前のビットコインのブロックとは互換性のないブロックを採掘し、コインを分裂。新コインを作り出した。

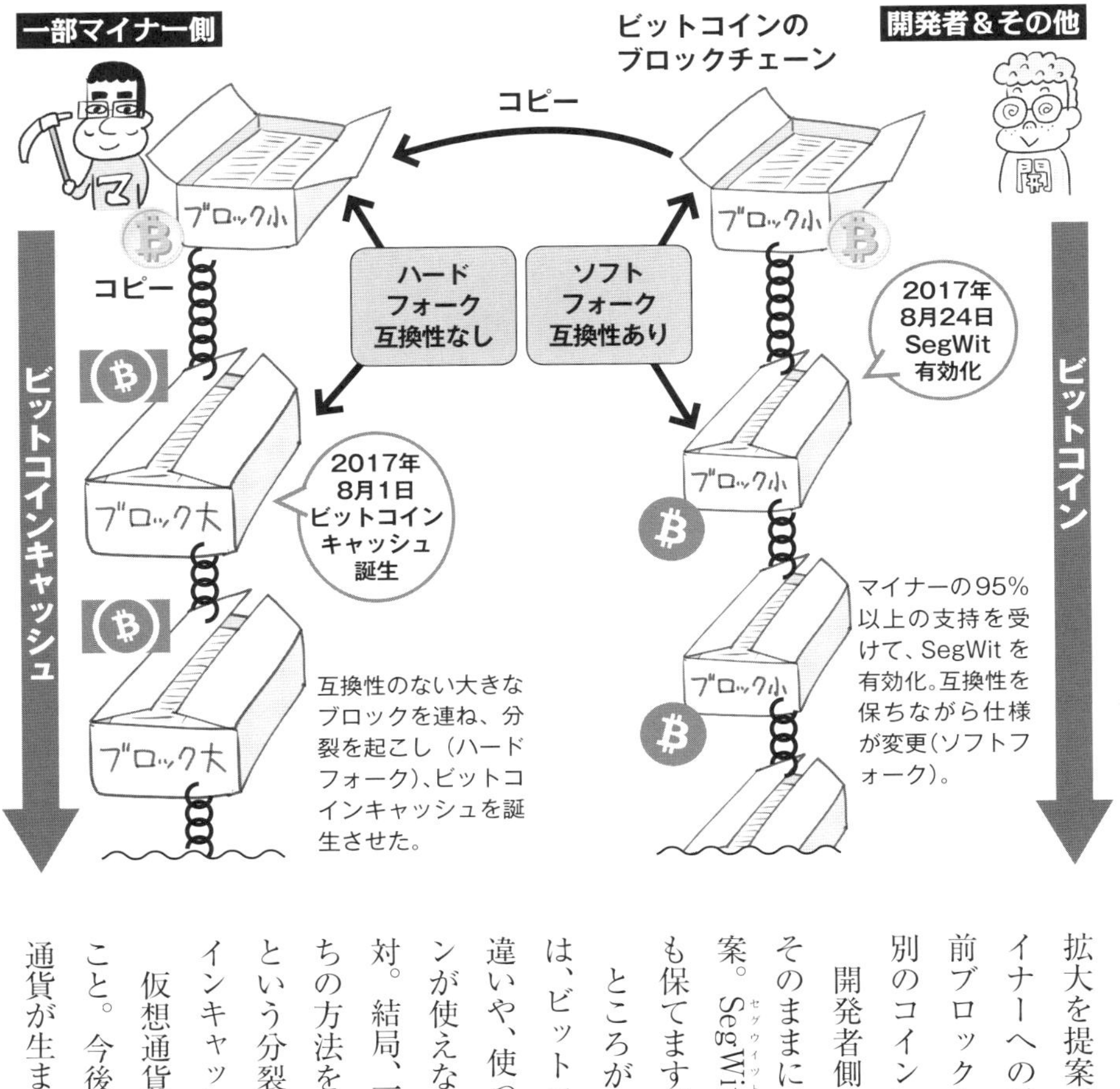

拡大を提案。ただし、それではマイナーへの手数料は増えますが、前ブロックとの互換性が失われ、別のコインになってしまいます。

開発者側は、ブロックサイズはそのままに、格納記録の圧縮を提案。SegWit《セグウィット》という方法で、継続性も保てます。

ところが多くの中国勢マイナーは、ビットコインの将来像の食い違いや、使っていたマイニングマシンが使えなくなることもあり、反対。結局、一部のマイナーが自分たちの方法を強行。ハードフォークという分裂を発生させ、ビットコインキャッシュが誕生しました。

仮想通貨では分裂劇はよくあること。今後も分裂を繰り返し、新通貨が生まれるとみられています。

ハードフォークとソフトフォーク、何が違うの？

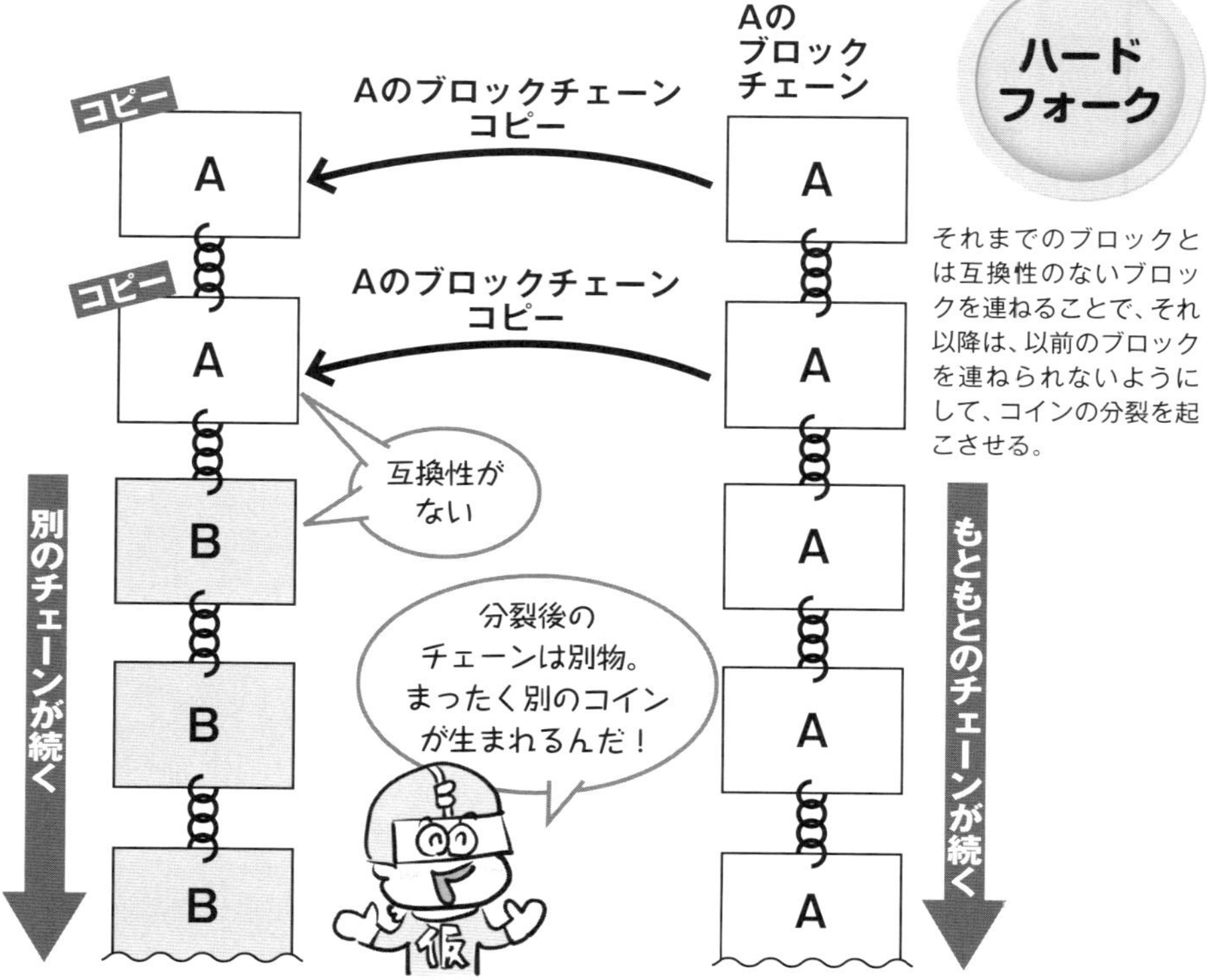
ハードフォーク
Aのブロックチェーン
Aのブロックチェーンコピー
コピー
A
A
B
B
B
A
A
A
A
A
互換性がない
分裂後のチェーンは別物。まったく別のコインが生まれるんだ！
別のチェーンが続く
もともとのチェーンが続く
仮
それまでのブロックとは互換性のないブロックを連ねることで、それ以降は、以前のブロックを連ねられないようにして、コインの分裂を起こさせる。

ハードフォークは分裂です。ネットワーク内の意見対立などにより、互換性のないコインが分裂して誕生。ビットコインからビットコインキャッシュが生まれたように、新コインが元のコインとは別にチェーンをつなげていきます。

ハードフォークでコインが誕生すると、多くの場合、元のコインの保有者に、同じ量の新コインが配付されます。ただし、新コインが流通するかどうかは、ユーザーとマイナー次第です。

一方ソフトフォークは、互換性のあるチェーンへの分岐。いわばバージョンアップです。

ブロックチェーンには、チェーンが分かれた際、長い方を残すというルールがあります。バージョ

ソフトフォーク

過去のルールに、新しいルールを適用した、いわばバージョンアップのようなもの。それまでのブロックと互換性がある。分岐しても支持が集まれば新規ルールのチェーンは長く連なり、最終的に一本化される。

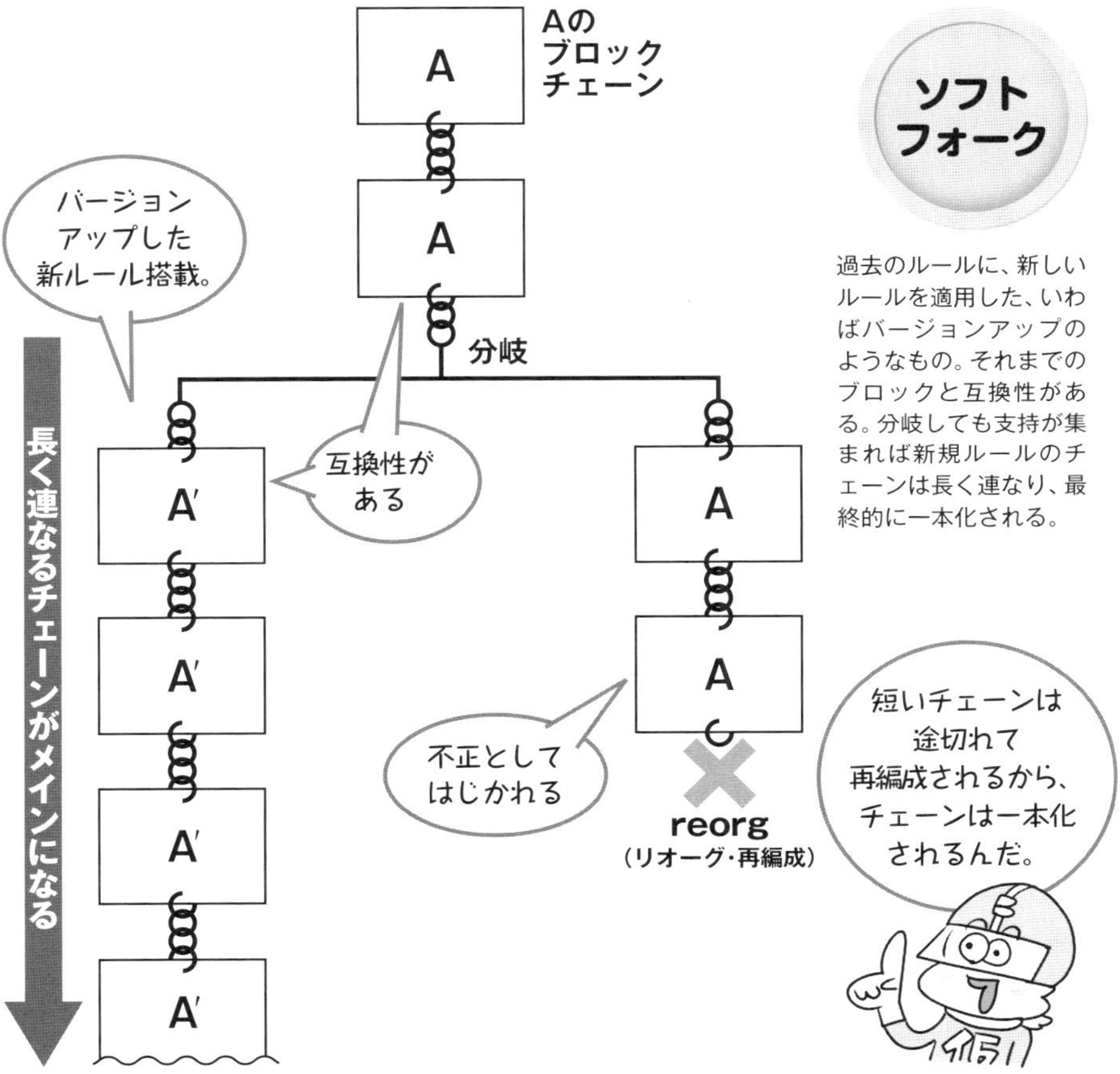
Aのブロックチェーン
A
A
分岐
バージョンアップした新ルール搭載。
長く連なるチェーンがメインになる
互換性がある
A′
A′
A′
A′
A
A
不正としてはじかれる
reorg
（リオーグ・再編成）
短いチェーンは途切れて再編成されるから、チェーンは一本化されるんだ。

ンアップしたチェーンをマイナーが支持し、チェーンが長くなると、そのチェーンが正となり、古いルールを適用したチェーンは不正と見なされ、長いチェーンに再編成（reorg・リオーグ）され、チェーンは一本化します。

　分裂や分岐の直後はチェーンが不安定で、攻撃を受けたり、承認された取引が未承認に戻ったり、取り消されたりすることも。良心的な取引所は一定期間取引を停止し、ユーザーのコインを保護することもあります。

　フォーク以外にも、同時にブロックが採掘される場合など、分岐は度々生じていますが、通常の分岐はすぐにリオーグされるので、大きな問題は起こりません。

●その他の仮想通貨③

企業がオリジナルの仮想通貨トークンを発行。ICOで事業の資金調達ができる

独自の仮想通貨を発行し、資金を調達

企業独自の仮想通貨で、事業のための資金を調達。出資者は未上場の通貨をイーサリアムなどで購入する。

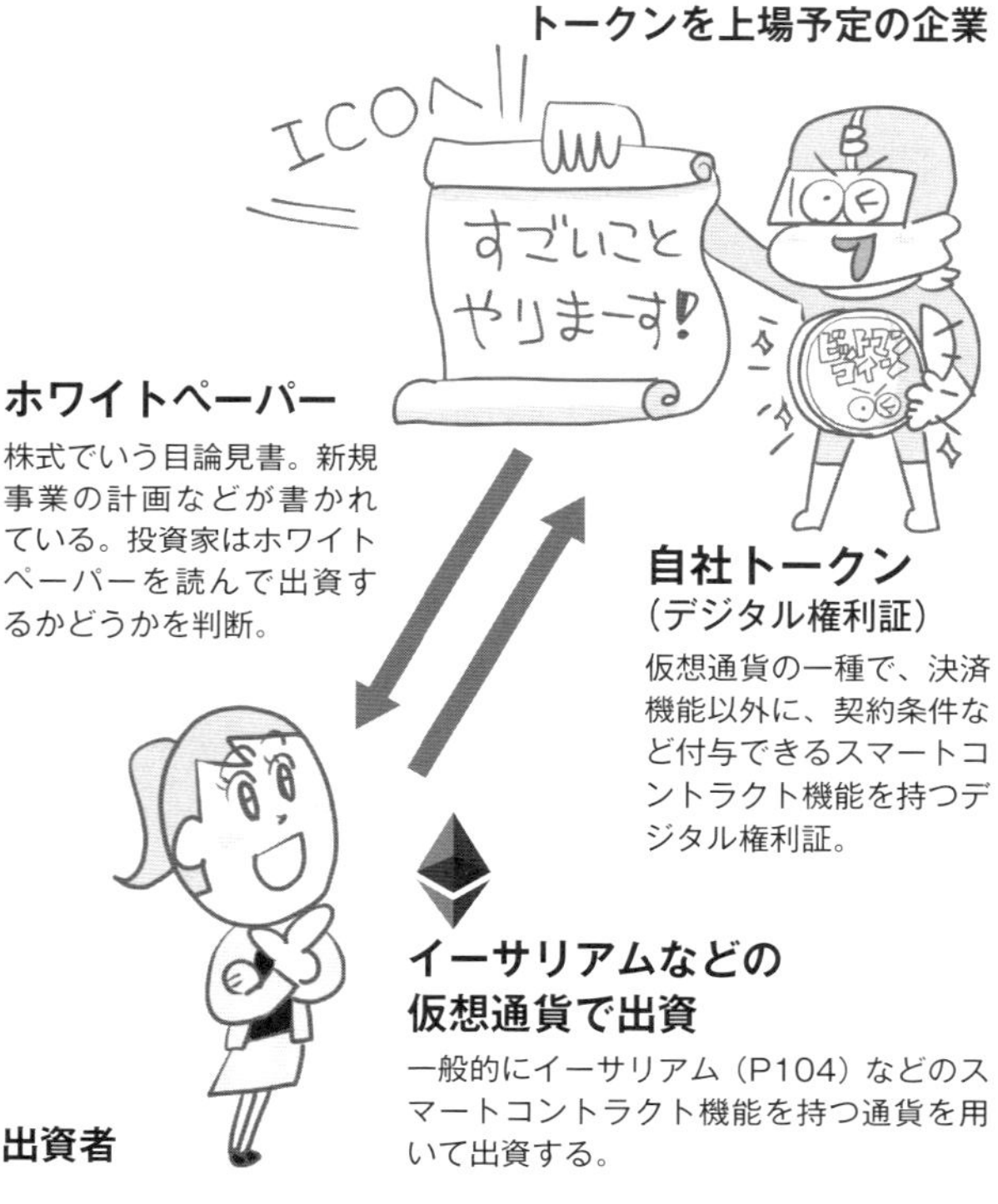
トークンを上場予定の企業
ICO
すごいこと
やりまーす!
ホワイトペーパー
株式でいう目論見書。新規事業の計画などが書かれている。投資家はホワイトペーパーを読んで出資するかどうかを判断。
自社トークン
（デジタル権利証）
仮想通貨の一種で、決済機能以外に、契約条件など付与できるスマートコントラクト機能を持つデジタル権利証。
イーサリアムなどの
仮想通貨で出資
一般的にイーサリアム（P104）などのスマートコントラクト機能を持つ通貨を用いて出資する。
出資者

新規事業の資金調達にはＩＰＯ（新規公開株）という方法がありますが、株の代わりにトークンという仮想通貨を使うのがＩＣＯ。コストも時間もかからず、多額の資金が集められる可能性があります。

企業は株の目論見書に当たるホワイトペーパーを発表。出資者は、企業が発行したオリジナルトークンを、仮想通貨や法定通貨で購入します。トークンが取引所に上場され値が上がれば利益を得ます。

ただし上場されずお金が戻らな

日本初のICOプラットフォームで取引開始

ICOでは、出資しても上場されない詐欺コインと呼ばれる仮想通貨が横行。安全な取引を行うためICOプラットフォーム・COMSAが誕生した。

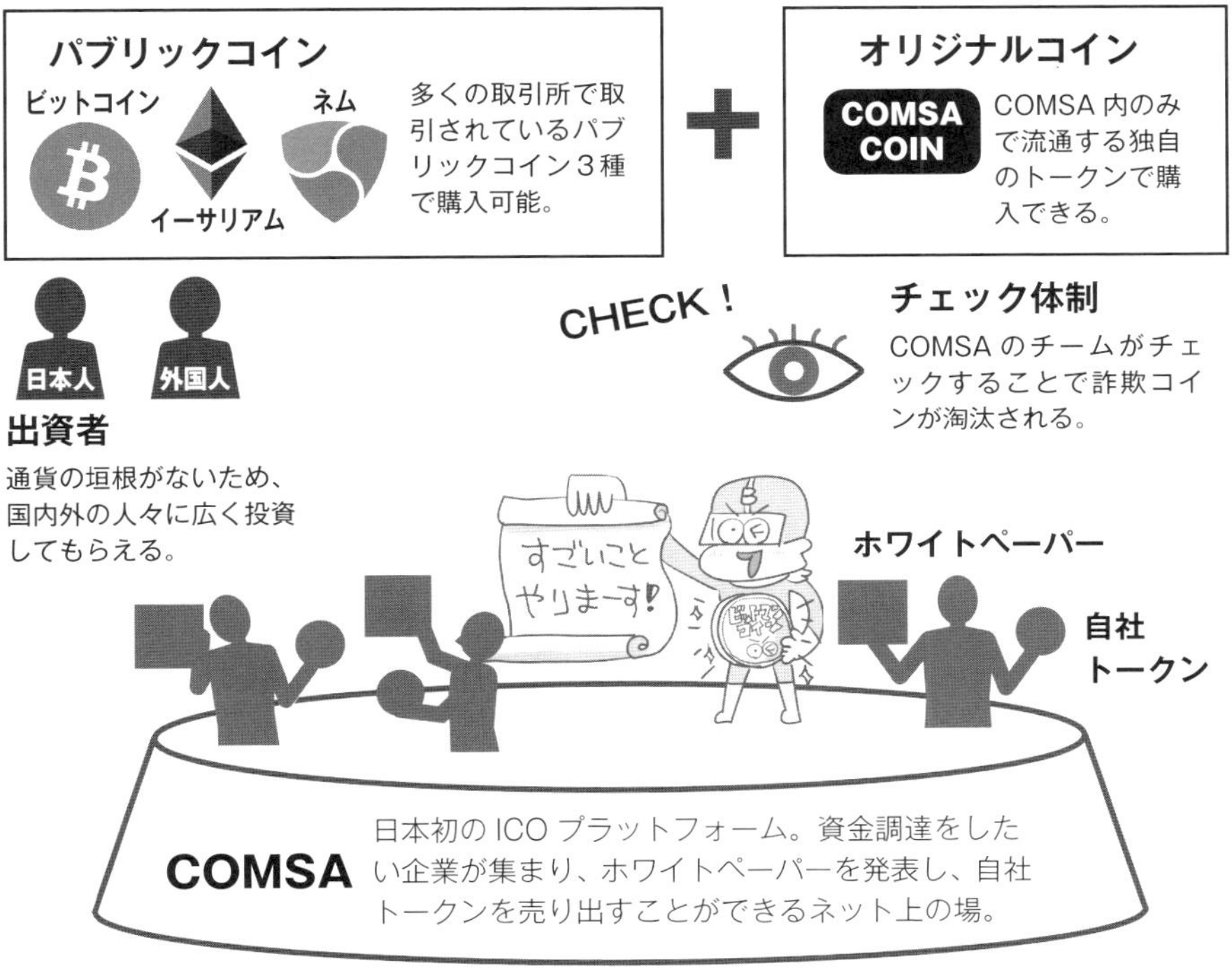
パブリックコイン
ビットコイン
イーサリアム
ネム
多くの取引所で取引されているパブリックコイン３種で購入可能。
オリジナルコイン
COMSA COIN
COMSA内のみで流通する独自のトークンで購入できる。
日本人
外国人
出資者
通貨の垣根がないため、国内外の人々に広く投資してもらえる。
CHECK！
チェック体制
COMSAのチームがチェックすることで詐欺コインが淘汰される。
すごいことやりまーす！
ICO
ホワイトペーパー
自社トークン
COMSA
日本初のICOプラットフォーム。資金調達をしたい企業が集まり、ホワイトペーパーを発表し、自社トークンを売り出すことができるネット上の場。

●IPOとICOの違い

ICO (Initial Coin Offering)	IPO (Initial Public Offering)
新規公開仮想通貨を使った資金調達。	新規公開株式を使った資金調達。
特定の取引所が存在しない。	証券取引所に上場。
特定の金融機関が存在しない。	証券会社が監査。
投資家はホワイトペーパーで判断。	投資家は目論見書で判断。

い詐欺も多く、法が未整備のため泣き寝入りせざるを得ないのが現状です。中国では全面的に禁止です。

日本では安全なICOを支援するため、金融機関やIT企業の出資でCOMSA《コムサ》（https://comsa.io/ja/）というプラットフォームも誕生しています。

●その他の仮想通貨④

ブロックチェーンの技術に注目。国家や地域でも仮想通貨の開発、活用が始まる

ブロックチェーンの技術を使った仮想通貨は、国や地域レベルでも導入の動きが始まっています。

エストニアは、インターネット通話サービス・Skype《スカイプ》を生んだデジタル先進国。現在、外国人をデジタル住民に登録する電子政府化を進め、仮想通貨エストコインで資金調達を検討中です。

アラブ首長国連邦（UAE）にはe-Dirham《イーディルハム》という支払方法がありますが、ドバイ政府は新仮想通貨emCash《イーエムキャッシュ》の発行を発表しました。

国家が取り組む仮想通貨

国家が政策として仮想通貨の開発に取り組むケースも。法定通貨とどう共存させるかが課題といえる。

ドバイ政府の「emCash」

2017年10月に、ドバイ政府はブロックチェーンの技術を使った金融システムの構築を目指しており、その一環で「emCash」という独自の仮想通貨を発行予定と発表。今後アラブ首長国連邦の市民は、emCashで公共料金などの支払も可能になる。

エストニアの「エストコイン」

エストニアは人口約130万人の小国だが、「電子政府」が作られ、外国人にもオンラインで行政サービスを提供する「電子居住権」を与えている。2017年8月、電子政府化の一環として仮想通貨「エストコイン」発行によるICOを検討していると明らかにした。

中国政府は水面下で開発中？

中国政府が、ブロックチェーンの技術を使うことについてホワイトペーパーを発表。中国人民銀行では仮想通貨の研究機関を設立し、実証実験に乗り出している。

人民元での取引やICOを禁じているけど、国家としては取り組む姿勢を見せてるんだ。

日本では地域仮想通貨の実験が盛ん

日本では、銀行や信用組合、企業が一体となり、地方独自の仮想通貨の開発が進められており、地方経済活性化が期待されている。

地域密着＆グループ企業

近鉄グループホールディングス

「近鉄ハルカスコイン」

近鉄グループホールディングスが2017年9〜10月にかけて大阪市の商業施設あべのハルカスにて、5000人を対象に仮想通貨「近鉄ハルカスコイン」の実証実験を行った。ユーザーは、スマートフォンにオリジナルアプリをダウンロードし、登録。支払の際、店舗側がQRコードをユーザーに見せ、ユーザーはスマートフォンをかざし決済する。

地方銀行＆教育機関

会津大学

「白虎」

2017年3月、会津大学は学内仮想通貨「白虎」を導入。大学内だけでなく、大学周辺の店舗などでも使えるようにする予定。

信用組合＆市区町村

飛騨市・高山市

「さるぼぼコイン」

2017年10月飛騨信用組合が、岐阜県飛騨市・高山市の地域仮想通貨として「さるぼぼコイン」を導入。地域経済活性化や訪日外国人観光客の決済手段としても期待されている。

スマホをかざすだけで、
買い物も簡単。
外国人観光客にも
喜ばれそう！

中国はICOを禁止。仮想通貨取引所の規制を強化していますが、国家レベルでは独自の仮想通貨開発を進めています。

ロシアの中央銀行は、イーサリアムの技術を活用したシステム開発を表明。プーチン大統領も、イーサリアムを作ったヴィタリック・ブテリンに会い、支持を表明しています。スウェーデンでは、デジタル通貨eクローナの発行の可否を2018年に判断する予定です。

●地方創生の切り札

日本では、地域通貨としての導入が進行中。コストがかからない地方創生の切り札として、大阪市のあべのハルカスや飛驒・高山市などで実証実験が行われています。

国内でも世界でも銀行が結集。銀行仮想通貨で低コスト&素早い取引

R3コンソーシアムで業務効率化

世界中の大手金融機関が集まり、共通の金融プラットフォームを開発する共同事業体がＲ３コンソーシアムである。

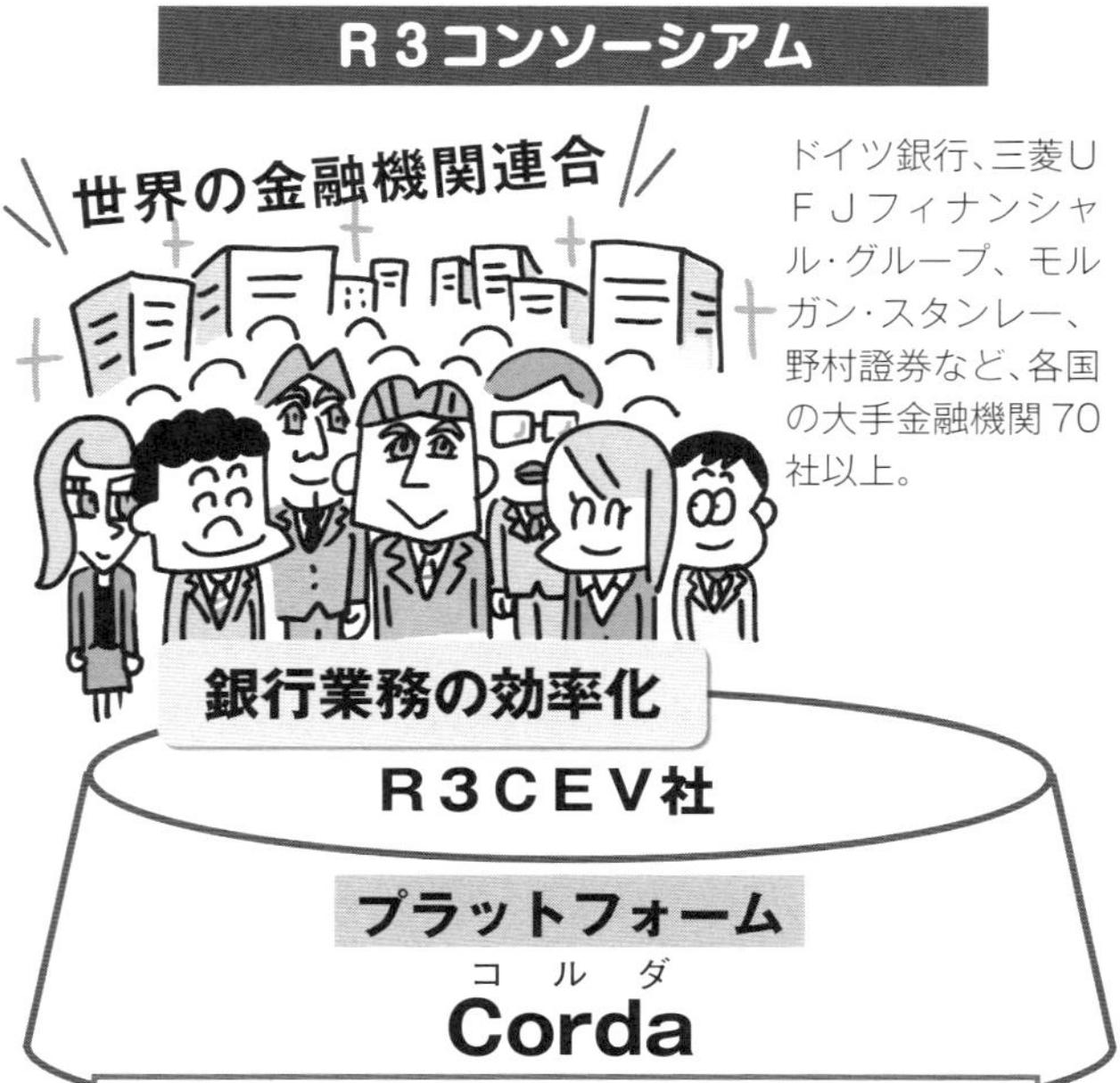
R３コンソーシアム
世界の金融機関連合
ドイツ銀行、三菱ＵＦＪフィナンシャル・グループ、モルガン・スタンレー、野村證券など、各国の大手金融機関70社以上。
銀行業務の効率化
R３CEV社
プラットフォーム
Corda《コルダ》

ブロックチェーンのメリットを利用しながら、より複雑な取引を効率的に行うことができる、オープンソースのプラットフォーム。銀行間での業務の効率化がはかれる。

ビットコインを始めとする仮想通貨やブロックチェーンには、世界中の金融機関が注目しています。

まず、２０１５年には「Ｒ３コンソーシアム」という共同事業体が発足しました。Ｒ３とは、２０１４年に誕生した、アメリカ・ＮＹ市にあるブロックチェーンを開発する企業Ｒ３ＣＥＶ社のことで、ブロックチェーンの技術を応用した金融プラットフォームを開発しています。Ｒ３ＣＥＶ社のこの事業に、各国の大手金融機関70

国内の銀行でも仮想通貨事業スタート

三菱東京ＵＦＪ銀行は、いち早く固定レートの独自の仮想通貨の開発に取り組み、欧米の銀行連合にも参加している。

欧米銀行連合と国際送金用通貨を開発

Utility Settlement Coin
（ユーティリティ決済コイン）

【特徴】

●欧米の銀行連合による銀行同士の送金に特化した仮想通貨。
●スイス金融大手 UBS、ドイツ銀行、スペインのサンタンデール銀行、アメリカのニューヨークメロン銀行などが加盟する欧米の銀行連合に日本の銀行として初参加。
●実現すれば手数料が安くなり、即時決済も可能。
● 2020 年より本格的に運用開始か。

国内で使える固定レートの生活通貨

MUFG コイン

【特徴】

●三菱東京ＵＦＪ銀行によるブロックチェーン技術を使った独自のデジタル通貨。
● 1 MUFG ＝ 1 円に固定する。
●三菱東京ＵＦＪ銀行内のコンビニなどで、同行員によって実証実験中。
● 2018 年より本格的に運用開始か。

社以上が参加し、世界共通の金融プラットフォームを構築するべく、共同開発が行われています。

●銀行独自の仮想通貨を開発

また国内では、三菱東京ＵＦＪ銀行が積極的に仮想通貨の事業に取り組んでいます。Ｒ３コンソーシアムの他に、欧米の銀行連合が手がける国際送金に特化した仮想通貨の開発に参加しています。

国内向けにはＭＵＦＧコインという独自の仮想通貨を開発。現在、行内で実証実験を行っています。

他にもＳＢＩホールディングスは、リップル社の技術を活用し、低コストで他行に送金できるプラットフォームの構築を目指しています。

法改正で正式に決済手段に。利用者保護、マネーロンダリング対策も

2017年4月、金融庁は「改正資金決済法（仮想通貨法）」を施行。仮想通貨の利用者保護やマネーロンダリング対策で法整備を行いました。

仮想通貨と定義されるのは、①不特定の者への代金支払等に使用でき、法定通貨と交換できる。②電子的に記録され、移転できる。③法定通貨又は法定通貨建ての資産（プリペイドカードなど）ではないものをいい、仮想通貨交換業は登録制となりました。

改正資金決済法で義務化された4項目

利用者保護やマネーロンダリング対策のため、改正資金決済法により事業者に以下のことが義務付けられた。

❶ 登録制の導入

金融庁・財務局の登録を受けた事業者（登録業者）のみが、国内で仮想通貨の交換業を行うことができる。登録業者になるには、認定資金決済事業者協会への参加が必須。

●登録業者の条件

□株式会社である。

□資本金1,000万円以上。純資金がマイナスでない。

□仮想通貨交換業を適正かつ確実に遂行する体制が整備されている。　など

❷ 利用者への適切な情報提供

ユーザーに対して、リスクを理解した上で取引がスタートできるように、情報を提供する。

●提供する情報の内容

□取り扱う仮想通貨の名称やそのしくみについて。

□仮想通貨について。法定通貨ではないこと、価格変動があることなど。

□取引手数料などの契約内容。　など

仮想通貨は
まだまだ自己責任。
ユーザー側が積極的に
安全を確認して
ほしいね！
法律が整えば、
安心して取引できる
んじゃない？

❸ 利用者財産の分別管理

ユーザーから預かった法定通貨・仮想通貨（顧客保有資産）と、事業者自身の法定通貨・仮想通貨（自己保有資産）とを区分して管理する。

顧客
保有資産
法定通貨
＋
仮想通貨
ユーザー
自己
保有資産
法定通貨
＋
仮想通貨
事業者

❹ 取引時本人確認の実施

マネーロンダリング対策のために、右記の場合には公的証明書（運転免許証やパスポートなど）の確認を行う。

●取引時確認実施の条件

- □口座開設時。
- □200万円を超える仮想通貨の交換・現金取引時。
- □10万円を超える仮想通貨の送金（移転）時。

＊ただし一度取引時確認が済んでいれば原則として公的証明書の再提示は不要。

仮想通貨のための保険ってないの？

個人向けの保険はありませんが、事業者や加盟店に対しては、システム上の問題などで代金未収が発生した場合、一定の損害を補償する保険はあります。

ただし、補償を受けられるのは法定通貨に限られています。

登録業者は利用者への適切な情報提供や利用者財産の分別管理、取引時の本人確認が義務付けられています。ユーザーは取引業者が登録業者であることを確かめ、金融庁のホームページに照らして、業者が法律を遵守しているかどうかをチェックしましょう。取引についても、随時、自分で履歴を確認することを怠らないように。

仮想通貨の譲渡益は雑所得扱い。消費税は課税から非課税に

全所得額に応じた税率を負担

仮想通貨の売買で得た譲渡益（キャピタルゲイン）は雑所得に区分される。株やＦＸの譲渡益とは税率は異なる。

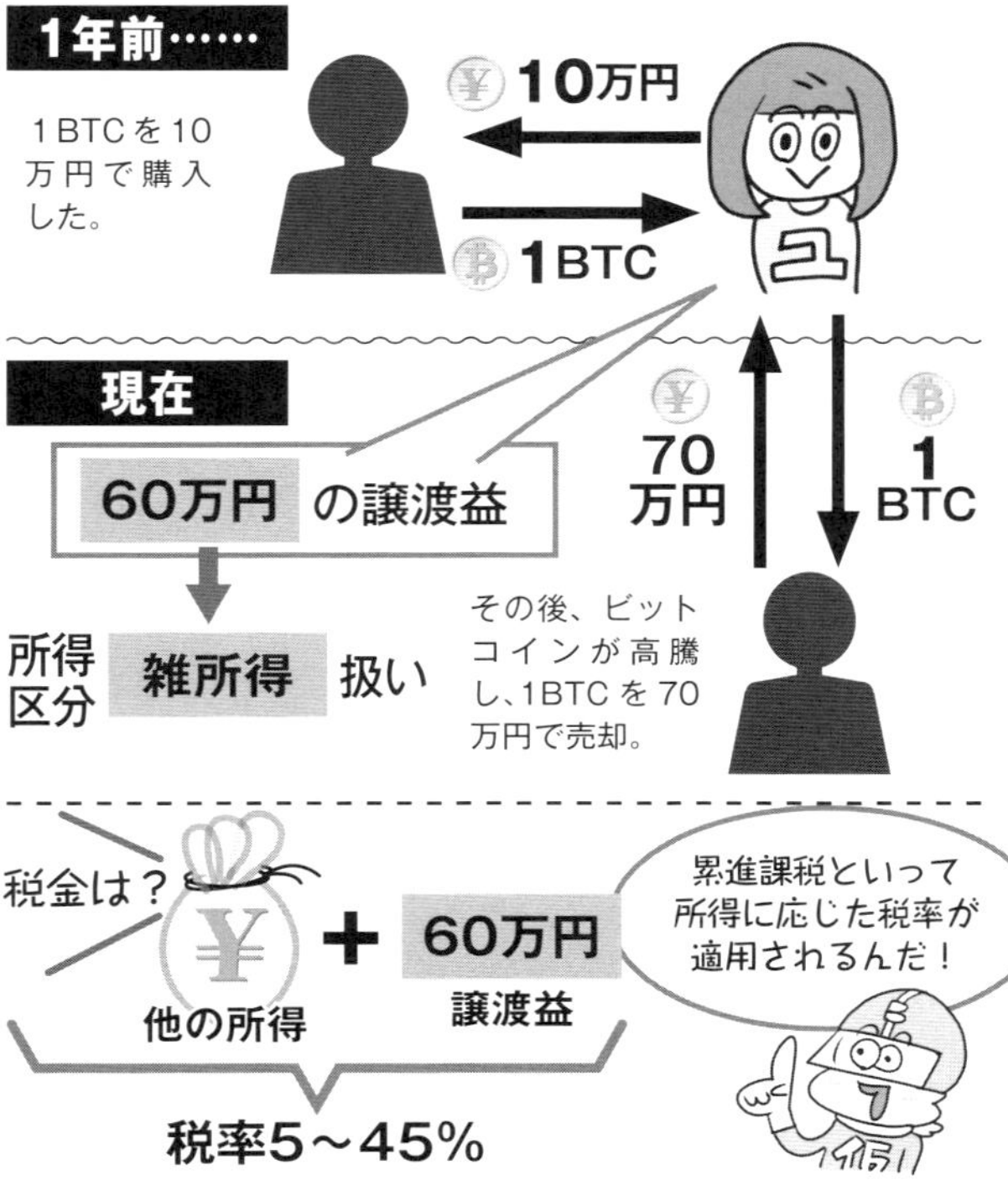
1年前……
1BTCを10万円で購入した。
10万円
1BTC
現在
60万円の譲渡益
70万円
1BTC
その後、ビットコインが高騰し、1BTCを70万円で売却。
所得区分 雑所得 扱い
税金は？
他の所得
＋
60万円
譲渡益
累進課税といって所得に応じた税率が適用されるんだ！
税率5～45％

２０１７年4月、国税庁は、仮想通貨の取引で生じた利益は雑所得にあたるという見解を示しました。雑所得とは、給与所得や事業所得ではない所得。公的年金や作家以外の人が得る原稿料や印税、講演料などがそれに該当します。

同じ雑所得のＦＸや先物取引は税率が一律20・３１５％ですが、仮想通貨は給与所得などと合算した総合課税。所得に応じて５～45％の累進税率が適用されます。

また、金融商品の場合、損益通

改正資金決済法で仮想通貨は購入時は非課税

仮想通貨はこれまで資産（モノ）として扱われていたため、購入時に消費税がかかった。改正資金決済法により支払手段と定義され、非課税になった。

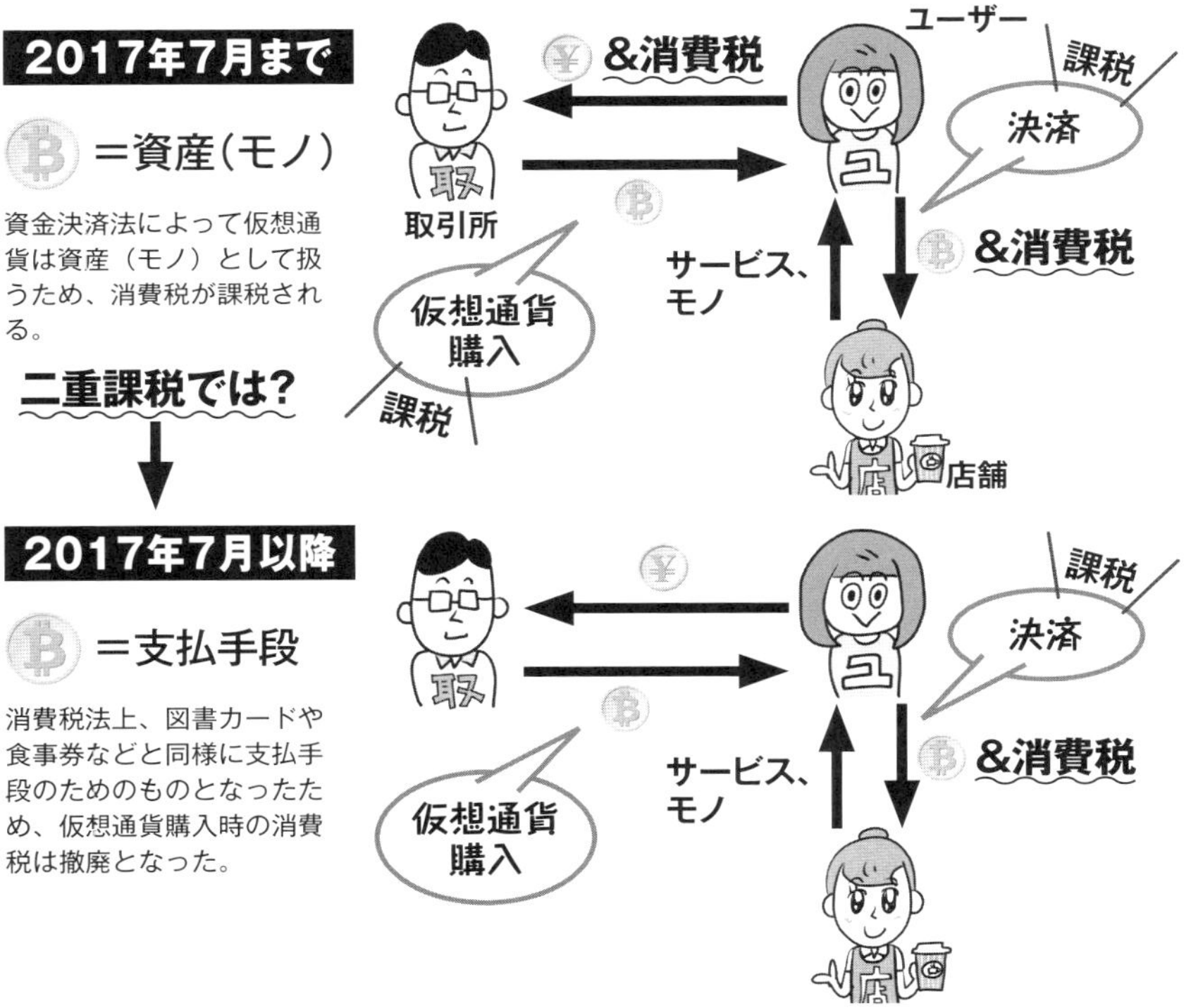

2017年7月まで
=資産(モノ)
資金決済法によって仮想通貨は資産（モノ）として扱うため、消費税が課税される。
二重課税では?
&消費税
取引所
ユーザー
課税
決済
仮想通貨購入
課税
サービス、モノ
&消費税
店舗
2017年7月以降
=支払手段
消費税法上、図書カードや食事券などと同様に支払手段のためのものとなったため、仮想通貨購入時の消費税は撤廃となった。
課税
決済
仮想通貨購入
サービス、モノ
&消費税

算といって、公社債や上場株式の譲渡損を所得から差し引いて税金を減らしたり、損失を3年間繰越すことができますが、仮想通貨では認められていません。

給与所得や退職所得以外の所得合計が20万円を下回る場合には申告不要ですが、20万円を超える人や確定申告をする場合には、必ず申告が必要となります。

●「資産」から「支払手段」に

以前、仮想通貨は「資産（モノ）」とされていたので消費税の対象でしたが、2017年7月の改正資金決済法で「支払手段」と定義を変更。購入時と支払時の二重課税になってしまうために、仮想通貨購入時の消費税は撤廃されました。

資産か通貨か？　合法か非合法か？　国によって法律はさまざま

2017年前半には10万円台だった1BTCですが、後半には高騰し、12月には120万円近い値に。市場規模は拡大し、2017年を仮想通貨元年と呼ぶ人もいます。ブロックチェーンという革新的技術を使った仮想通貨の登場に、各国政府も揺れています。

中国は全面的に禁止する一方、国としては仮想通貨開発に積極的。ロシアでも、ビットコイン取引は制限しながら、イーサリアムを使った独自通貨の開発やマイニング

仮想通貨に対する世界の法的対応

仮想通貨の利用者の増加とともに、各国の法整備が進められている。欧米諸国や日本は許容的。

許容的
アメリカ
許容的ではあるが、州の法律で規制が異なり、統一の法整備が求められている。アメリカ証券取引所委員会の許可がないICOは禁止。
禁止
中国
2017年9月より、ICOトークン、人民元と仮想通貨の売買を停止。主要仮想通貨取引所は売買停止。
許容的
オーストラリア
いち早く仮想通貨の取引、マイニングなどを合法とし、税制も整え、非課税にした。ICOも健全な取引をするため、オーストラリア証券投資委員会がガイドラインを公表している。
ドミニカ共和国
エクアドル
ボリビア

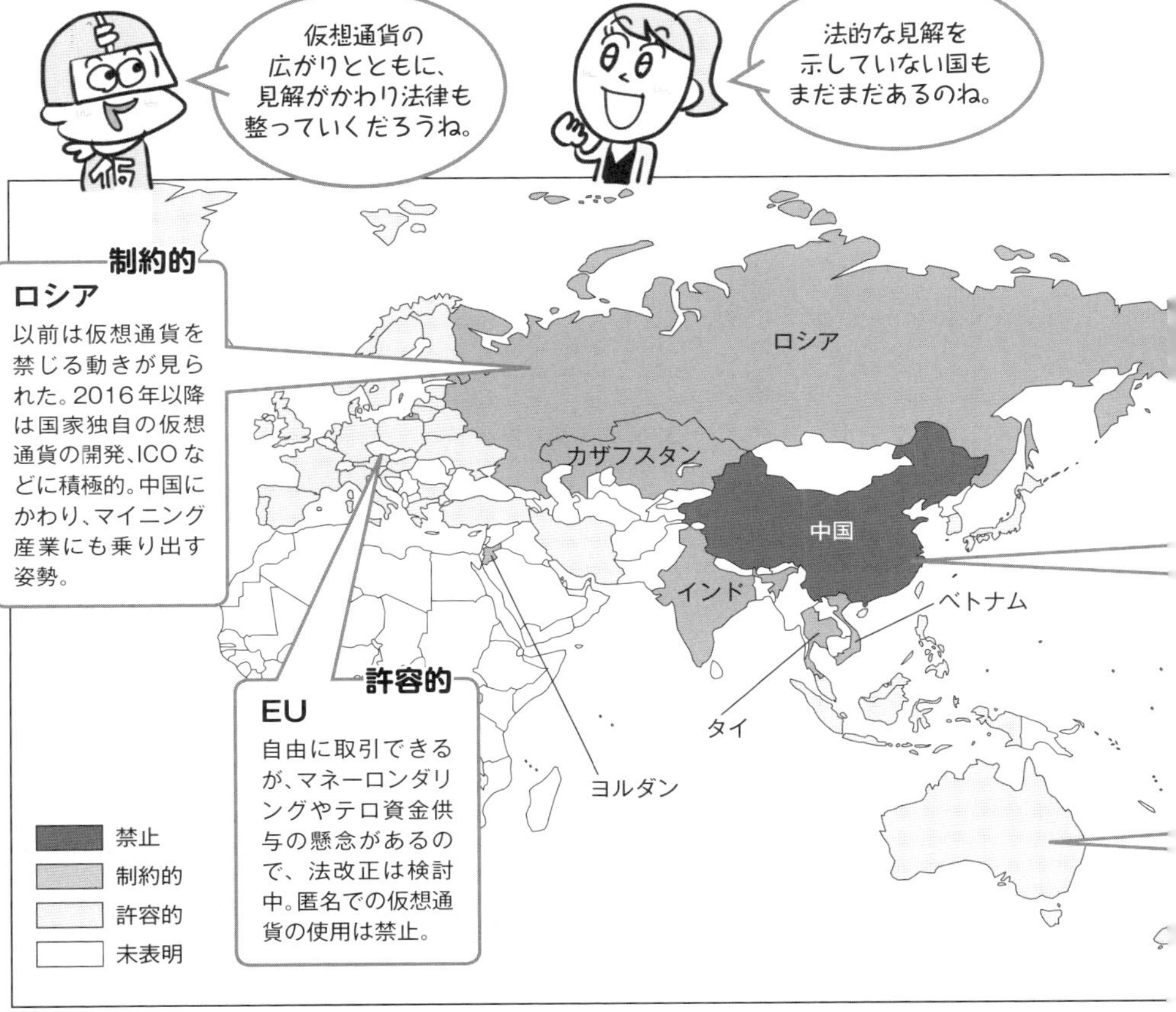
仮想通貨の
広がりとともに、
見解がかわり法律も
整っていくだろうね。
法的な見解を
示していない国も
まだまだあるのね。
制約的
ロシア
以前は仮想通貨を禁じる動きが見られた。2016年以降は国家独自の仮想通貨の開発、ICOなどに積極的。中国にかわり、マイニング産業にも乗り出す姿勢。
ロシア
カザフスタン
中国
インド
ベトナム
タイ
ヨルダン
許容的
EU
自由に取引できるが、マネーロンダリングやテロ資金供与の懸念があるので、法改正は検討中。匿名での仮想通貨の使用は禁止。
禁止
制約的
許容的
未表明

出典:「Bitlegal」http://bitlegal.io/(2017年10月現在)

産業を進めています。こうした各国の対応をリアルに見られるBitlegalというサイトもあります。

米連邦準備制度理事会(FRB)のバーナンキ元議長は、ビットコインは政府主導で発展が妨げられる可能性があると示唆。突然状況が変わる懸念も否定できません。

●豪小学校では仮想通貨教育も

一方、世界では次世代への教育も。ロシアの大学は仮想通貨関連の講義を導入。オーストラリアの小学校では仮想通貨を作る授業まで行われています。

仮想通貨技術の将来性は皆が認めるところですが、今後、状況が変化するなか、仮想通貨の姿も進化していくと思われます。

すべて自己責任、自己管理が基本。リスクや問題はいずれ解消していく

現在、仮想通貨には多くのリスクがあり、法整備もこれからです。けれども、ビットコインの中核技術ブロックチェーンが、近い将来社会に及ぼす影響は無視できません。危険ばかりに目を向けず、リスクを知った上で仮想通貨を理解していく姿勢が必要なのです。

今後、仮想通貨の問題点は、ビットコインのようなパブリック型仮想通貨が広がるなか、多数の参加者の集合知により解決策が見出されていくものと考えられます。

仮想通貨の身近なリスク10

仮想通貨にはまだまだリスクがたくさんある。取引の際、忘れてはならない10のリスクとその対策。

1 価格変動による損失

仮想通貨、とくにビットコインは価格変動性（ボラティリティ）が大きい。半日で取引価格が乱高下することも。就寝中に価格が大幅に動くこともあり、注意が必要。

対策

・ニュースをチェック、市場動向を探る。
・価格変動の大きさを踏まえて取引。
・投資の際は、必ず余剰資金で。

2 誤送金

送金するときに、相手のアドレスを間違えて送ってしまうと、取り消すことはできない。相手がいなくてエラーが出ればコインが戻ることもある。

対策

・ブロックチェーンエクスプローラー（P90）で取引記録を確認。
・送金が承認されている場合、送金先の取引所に問い合わせる。

3 秘密鍵漏洩

サイバー攻撃や、SNSなどにパソコンやスマートフォンの画像が流れたり、ID＆パスワードが流出すると、秘密鍵（P80）が知られて、通貨が盗まれることがある。

対策

・コールドウォレットを使い、オフラインで管理。
・ID＆パスワードを管理。
・取引画面の画像は残さない。

4 サイバー攻撃による盗難

サイバー攻撃によって取引所や自分のパソコン、スマートフォンから秘密鍵が漏えいしたり、不正アクセスでIDやパスワードが流出してしまうと、悪意ある他者が本人になりすまし、通貨が盗まれることがある。

対策

・不明なファイルをダウンロードしない。
・ウイルス対策、二段階確認証を徹底。
・本人確認を必須とする、信用できる仮想通貨取引所を利用する。
・ID &パスワードを流用しない。

---

5 リプレイアタック

ハードフォーク（P108）でブロックチェーンが分裂した際、分裂したチェーンには同じ取引データを載せることができる。送金者が何らかの不正攻撃を受け、１回の取引なのに、２種類のコインで二重送金を起こし、資産が奪われる事態（リプレイアタック）になる。

対策

・大規模ハードフォーク時は取引しない。
・ハードフォーク時に取引を停止する良心的な取引所を利用。
・ハードフォークされるコインに、リプレイアタック対策がされているかを確認する。

---

6 取引所の破綻

取引所が経営破綻などで事業を継続できなくなった場合に、取引所の体制によっては利用者の資産が取り返せないことも。

対策

・倒産法、会社法、会社更生法、民事再生法などに基づき手続きが行われる取引所を選ぶ。

---

7 仮想通貨ネットワーク上のトラブル

仮想通貨の取引は仮想通貨ネットワーク上で承認されることで完了する(P58)。ネットワーク上で何らかのトラブルが起こり、取引がキャンセルされることもある。

対策

・対処不能のトラブルだが、リスク回避のためには金融庁・財務局の登録を受けた取引所を利用。

---

8 システム障害

何らかの問題で取引所や使用しているインターネット回線、パソコンなどにシステム障害が発生すると、取引ができないなどのトラブルが生じる。取引所に責任があることが証明されれば補償されることも。それ以外は、基本的に救済不可。

対策

・信頼できるプロバイダーを利用する。
・普段からパソコンやスマートフォンのメンテナンスを行う。

---

9 51%攻撃

悪意のあるマイナーが過半数を占めたときに起こる可能性のあるトラブル（P68）。

対策

・個人レベルでは対策不可。ニュースなどをよくチェックして。

---

10 法令・税制の改変

国内の仮想通貨の取り扱いについて法令や税制が変わることがある。それによって仮想通貨の価格が暴落したり、取引が停止されたり、譲渡益への税負担が増えたりといった問題が起こる。

対策

・ニュースなどで、法令・税制の改変の動きをチェック。
・税務署や税理士に相談。

わかったかな!?
PART4を30秒で理解する

わかったわ

●アルトコインはそれぞれ特徴が異なり、その多くにブロックチェーンの技術が応用されている。

●ひとつの仮想通貨に対する意見対立から、コインが分裂し、新しいアルトコインが生まれることがある。

●コインが分裂する際は、ブロックチェーンが完全に2本に分かれる（ハードフォーク）。分裂以降は違うルールが適用される。

●ひとつのコインのルールがバージョンアップするときには、ブロックチェーンは何度か分岐するが最終的に1本になる（ソフトフォーク）。

● ICOは新規公開株の仮想通貨版。企業が新規仮想通貨（トークン）を公開し、資金調達する。

●エストニアやドバイ、中国などが、国家独自の仮想通貨開発に取り組んでいる。

●日本では地域活性化や外国人観光客対応のために地域仮想通貨の実証実験が進んでいる。

ビットコイン、
仮想通貨の未来は、みんながこれからどう活用するかにかかっているんだ！

●三菱東京UFJ銀行が独自の仮想通貨「MUFGコイン」の実証実験を始めている。各国の大手金融機関が集結し、「R3コンソーシアム」という共同事業もスタート。

●改正資金決済法により、仮想通貨は通貨として認められた。金融庁・財務局の登録を受けた取引所でしか取引できない。

●改正資金決済法により、仮想通貨購入時は非課税に。また、国税庁が仮想通貨の譲渡益を雑所得に区分すると判断。

ビットコインに流れる非中央集権思想。仮想通貨が社会変革、構造変革をもたらす

スマホ、インターネット、仮想通貨を経済変革の三要素だと考えています。スマホとインターネットで、人々は自由な情報網と、情報を駆使した経済活動を手に入れました。

そして今、仮想通貨という決定的な武器を手にして、人々は通貨の自由も得ようとしています。

これまでの社会は、国家や組織が民衆を統治する中央集権型でした。ビットコインが誕生した背景には、支配層が握っていた権力を民衆の手に取り戻そうという非中央集権思想があります。銀行の仲介なしに行われる個人ベースの取引は、20世紀型ガバナンスに構造変革をもたらすでしょう。個人へのパワーシフトによって、世界のフラット化は加速していくものと思われます。

今後、仮想通貨を理解することは、時代の潮流を読み取るのに欠かせない、重要な鍵となるにちがいありません。

参考資料

◉書籍

『いまさら聞けないビットコインとブロックチェーン』大塚雄介著（ディスカヴァー・トゥエンティワン）
『仮想通貨革命－ビットコインは始まりにすぎない』野口悠紀雄著（ダイヤモンド社）
『ビットコインとブロックチェーン　暗号通貨を支える技術』アンドレアス・M・アントノプロス著
今井崇也・鳩貝淳一郎訳（NTT出版）
『ブロックチェーン革命　分散自律型社会の出現』野口悠紀雄著（日本経済新聞出版社）

◉新聞

「日本経済新聞」

◉ホームページ

「ビットバンク」https://bitbank.cc/
「ビットコインニュース（BTCN）」https://btcnews.jp/
「Wikipedia」
「Bitcoin日本語情報サイト」https://jpbitcoin.com/
「金融庁　仮想通貨関係」http://www.fsa.go.jp/policy/virtual_currency02/

【著者】廣末紀之（ひろすえ　のりゆき）

ビットバンク株式会社代表取締役CEO。1991年野村證券株式会社入社。1999年グローバルメディアオン
株式会社（現GMOインターネット株式会社）入社、同社取締役、同社常務取締役を経て、2006年株式会
ラ代表取締役社長。2012年よりビットコインの研究を始め、2014年ビットバンク株式会社を創業。現在代
締役CEOを務める。

装幀　石川直美（カメガイ デザイン オフィス）
装画　Cathal_Shtadler/Shutterstock.com
本文デザイン　バラスタジオ
本文イラスト　つぼいひろき
校正　渡邉郁夫
編集協力　浅田牧子　オフィス２０１（小川ましろ）
編集　鈴木恵美（幻冬舎）

知識ゼロからのビットコイン・仮想通貨入門

2018年1月10日　第1刷発行

著　者　廣末紀之
発行人　見城　徹
編集人　福島広司

発行所　株式会社　幻冬舎
〒151-0051　東京都渋谷区千駄ヶ谷4-9-7
電話　03-5411-6211（編集）　03-5411-6222（営業）
振替　00120-8-767643
印刷・製本所　図書印刷株式会社

検印廃止

ISBN978-4-344-90329-6 C2095
Printed in Japan
幻冬舎ホームページアドレス　http://www.gentosha.co.jp/
この本に関するご意見・ご感想をメールでお寄せいただく場合は、comment@gentosha.co.jpまで。